화천지수의 충절을 지킨

정환직·정용기 양세 의병장

권 영 배

경북대학교 사범대학 역사과를 졸업하였다. 같은 대학교 교육대학원 역사교육과에서 교육학석사학위를, 대학원 사학과에서 문학박사학위를 받았다. 계성중학교 수석교사와 계명대학교 겸임교수를 지냈으며, 현재 경북대학교 외래교수이다.

대표 저서로 《안동 지역 의병장 열전》(지식산업사, 2012), 《경북독립운동사》Ⅰ－의병항쟁(공저, 경상북도, 2012), 《경북독립운동사》Ⅲ－3·1운동(공저, 경상북도, 2013), 《영천의 독립운동사》(공저, 영천항일독립운동선양사업회, 2013), 《국난극복기 성주의 대응과 극복》(공저, 성주문화원, 2018) 외 다수가 있다.

정환직 · 정용기 양세 의병장

초판 1쇄 인쇄   2018. 12. 7.
초판 1쇄 발행   2018. 12. 14.

지은이   권 영 배
펴낸이   김 경 희
펴낸곳   ㈜지식산업사
　　　　본사 10881, 경기도 파주시 광인사길 53(문발동)
　　　　　　　전화 (031) 955-4226~7 팩스 (031) 955-4228
　　　　서울사무소 03044, 서울시 종로구 자하문로6길 18-7(통의동)
　　　　　　　전화 (02) 734-1978,1958 팩스 (02) 720-7900
누리집   www.jisik.co.kr
전자우편   jsp@jisik.co.kr
등록번호   1-363
등록날짜   1969. 5. 8.

책값은 뒤표지에 있습니다.

ⓒ경상북도독립운동기념관, 2018
ISBN 978-89-423-9056-4 04990
ISBN 978-89-423-0056-3 04990(세트)

이 책에 대한 문의는 지식산업사로 해 주시길 바랍니다.

경상북도독립운동기념관 인물총서 15

화천지수의
충절을 지킨

정환직
정용기

양세 의병장

권영배 지음

지식산업사

올해는 2018년 무술년이다. 산남의진山南義陣 총수 정환직과 창의대장 정용기 부자 의병장이 나라를 위해 몸을 바친 지 꼭 111년이 되는 해이다. 1905년 을사늑약으로 나라가 무너지려 할 때, 의병이란 이름으로 나서서 싸우다가 1907년 정미년에 순국했으니 말이다. 나라가 위급할 때 나라를 위해 몸 바친 이가 어디 한둘이겠느냐마는, 정환직과 정용기 의병장의 경우는 다르다. 고종의 밀명을 직접 받들고 일어났다는 점이 다르고, 아버지와 아들이 의병장으로 나서서 일본군을 상대로 줄기찬 항쟁을 펼쳤다는 점이 또한 다르다.

아버지 정환직 의병장과 아들 정용기 의병장을 가리켜 우리는 '양세의병장兩世義兵將'이라고 한다. 부모와 자식 두

세대를 '양세兩世'라고 하기 때문이다. 이들 양세의병장이 지휘했던 의병부대가 '산남의진'이다. 의진의 첫 단계 목표는 강원도 강릉, 곧 '관동으로 북상'하는 것이었고, 다음 단계는 다시 서울로 진격하는 것이었으며, 마지막 단계는 일제통감부와 역적 간신들을 몰아내고 우리 임금을 구하고 나라를 지키는 것이었다. 실제 양세의병장은 항쟁 기간 동안 처음부터 끝까지 '관동으로의 북상'에 애를 썼지만, 운수는 우리 편이 아니었던지 끝내 길을 열지 못하고 작전 첫 단계에서 전사 순국하였다. 그렇더라도 '산남의진'은 영남 지역을 대표하는 의병부대였고, 이들이 전사한 뒤에도 유지를 받든 최세윤 의병장과 장령들이 항쟁을 계속 이어갔다.

대한제국 시기의 의병을 이야기할 때 당연히 '양세의병장'이나 '산남의진'에 대해서도 담론이 많을 법도 한데, 실상은 그렇지가 못하여 아쉽다. 가장 큰 이유는 아무래도 신돌석이나 이강년 의병장과 같은 그런 전술·전략을 일구어내지 못했기 때문이 아닌가 싶다. 그렇지만 정환직·정용기 의병장이 '고종의 밀지'를 받들고 일어난 '양세의병장'이었던 것만으로도 주목을 받기에 충분하지 않을까 생각된다. 한말 의병사에서 '양세의병장'이 일어나 구국투쟁을 벌인 경우는 별로 없기 때문이다.

양세의병장과 관련된 자료로 가장 많이 알려진 것은 《산남창의지山南倡義誌》(1946)와 《산남의진유사山南義陣遺史》(1970)이다. 그러나 이들 자료는 모두 광복 이후에 나온 것으로, 내용은 풍성하지만 살펴볼 때는 주의가 필요하다. 의문이 드는 부분이 없지 않기 때문이다. 그런데 최근 《진중일지陣中日誌》(2010)라는 일본군의 전투일지가 소개되면서, 양세의병장과 관련한 많은 의문이 풀리고 있다.

양세의병장의 문집도 발간되었다. 《영남문집해제》(영남대출판부, 1988)에는 정환직의 《동엄집東嚴集》(8권 5책)과 정용기의 《단오집丹吾集》(9권 5책)이 소개되어 있다. 목차의 내용은 《산남창의지》나 《산남의진유사》의 내용과 거의 비슷하다. 이 두 문집은 모두 석판본石版本이고, 그 크기나 활자 배치로 보아 같은 시기에 출간되었던 것으로 보인다. 아쉽게도 문집을 직접 확인할 수는 없었지만, 목차로만 보아도 문집의 윤곽은 어느 정도 짐작된다.

필자는 양세의병장과 산남의진에 대해서 오래 전부터 관심을 가지고 있었다. 올해 양세의병장 순국 111주년을 맞으면서 양세의병장에 대한 관심을 좀 더 확산시킬 수 있으면 좋겠다는 판단에서 이 글을 쓰게 되었다. 아무쪼록 이 책이 정환직·정용기 양세의병장을 이해하는 데 조금이나마 도움이 되었으면 한다.

한 가지 짚어 둘 것은 이 글에서 나오는 지명 문제이다. 양세의병장이 활동하던 당시의 지명과 문헌자료에 나오는 지명, 그리고 오늘날 행정구역상의 지명이 다른 경우가 많기 때문에 지명에 대한 이야기가 쉽지 않다는 뜻이다. 예를 하나 들자면, 양세의병장의 활동 중심지였던 '죽장'이라는 지명이 문헌에 자주 나타난다. 그런데 의병항쟁 당시 행정구역에 '죽장'이라는 지명은 없었다. 당시에는 이곳이 '청하군 죽남면' 또는 '청하군 죽북면'이었기 때문이다. 단순히 '죽장'이라 했지만, 행정구역상으로는 동래부 경주군 죽장면(1895), 경북 청하군 죽북면·죽남면(1906.9.24.), 영일군 죽북면·죽남면(1914), 영일군 죽장면(1934), 포항시 북구 죽장면(1995)으로 계속 변천되었기 때문에 여간 혼란스럽지가 않다. 양세의병장과 관련된 문헌자료가 거의 다 1945년 광복 이후에 쓰인 것이다 보니 더욱 그렇다. 이 글에서는 가능한 한 당시 지명을 쓰되 그렇지 못한 경우도 있다는 것을 말해 두고자 한다.

이 책이 나오도록 주선하고 협조해 주신 경상북도독립운동기념관 김희곤 관장님과 학예연구부 강윤정 부장님, 한준호 차장님, 신진희 연구원 등 관계자 여러분께 이 자리를 빌어서 진심으로 감사를 드린다. 아울러 출간을 기꺼이 맡아 주신 지식산업사 김경희 사장님과 책이 나오도록 글을 다듬어 주신 편집부 분들께도 깊은 감사를 드린다. 끝으로 이 글에서 행여나 잘못 이야기된 부분이 있더라도 그 책임은 오로지 글쓴이에게 있다는 것을 말씀드리며 많은 양해를 바란다.

2018년 12월
양세의병장 순국 111주년을 맞으면서

권 영 배

차례

제 1 장

양세의병장의
가계와 삶

1. 충절가문의 전통을 잇다

충절의 가문에서 태어나다

정환직鄭煥直, 1844~1907은 영일정씨迎日鄭氏이다. 시조는 고려 중기 예종·인종·의종 3대 임금을 섬긴 중신 형양공滎陽公 정습명鄭襲明, 1094?~1151이다. 그는 예종 때 향공鄕貢 문과에 급제하였으며, 인종 때 예부시랑에 이어 추밀원 지주사를 지냈다. 의종의 태자 시절에는 그의 스승이었으며, 왕위에 오른 뒤에는 항상 정성을 다하여 받들었다. 그러나 시기하는 자들의 미움을 받아 결국 내침을 당하였다.

고려 말 충신 문충공 포은圃隱 정몽주鄭夢周, 1337~1392가 바로 정습명의 10세손이다. 그는 1360년(공민왕 9) 문과에 급제하여 벼슬길에 오른 뒤로 주요 관직을 두루 거쳐 수

강호정 전경

강호정은 강의공 정세아가 임진왜란 뒤 고향으로 돌아와 여러 교우와 학문을 강론하던 곳이다.
경상북도 포항시 북구 죽장면 성곡리 산78번지 소재.

문하시중守門下侍中에까지 이르렀다. 하지만 1392년 고려의
신하로서 조선의 신하 되기를 끝내 거부하다 목숨을 잃었
다. 그는 당대 최고의 학자이자 정치인으로서 존경을 받았
을 뿐 아니라, 충절의 상징이 되어 온 인물이다.

또 임진왜란 때 영천성을 탈환한 의병장 강의공剛義公 호
수湖叟 정세아鄭世雅, 1535~1612는 정습명의 15세손이다. 그

는 아들 의번宜藩과 함께 부자가 동시에 공을 쌓아 영일정씨 '충절가문'의 가풍을 이루었다. 정세아는 임란 당시 왜군의 침략으로 영천성이 함락되자, 향병을 조직하여 왜군을 물리치고 영천성을 되찾았다. 조정에서는 그 공을 인정하여 병조판서직을 내렸다. 강의공은 영일정씨 강의공파 파조派祖이기도 하다.

그의 장남 의번은 경주성에서 아버지 정세아가 왜군에게 포위당하자 아버지를 구출하고 장렬하게 전사하였다. 조정은 그에게 이조참판직과 함께 충효가문의 정려旌閭를 내렸다. 이때의 정려각이 지금의 충효각이다. 병자호란 때는 정세아의 손자로서 진주목사를 지낸 호인好仁도 영천의병장으로 활동하였다고 한다.

이와 같이 양세의병장의 영일정씨 가문은 고려 때부터 영천 고을을 중심으로 나라가 어려울 때마다 충절로 대를 이어 온 빛나는 가문이다. 그러한 전통이 조선 말에 이르러 정환직·정용기 양세의병장의 충절로 이어졌던 것이다. 영천군 자양면 검단동(지금의 영천시 자양면 충효리)에 자리한 충효재忠孝齋가 그 숭고한 정신을 간직하여, 후세 사람들의 이정표가 되어 주고 있다.

충효재는 양세의병장의 추모각이다. 양세의병장이 활동

충효재 전경
경상북도 영천시 자양면 충효리 626번지 소재.

하던 1907년 당시 일본군이 불태웠던 검계서당檢溪書堂 자리에, 1934년 생존 지사들의 모임과 양세의병장의 얼을 기리는 모임에서 '서당을 복원한다'는 구실로 세웠다. 겉으로는 조용한 시골 서당 같으나, 실제로는 국내외 항일운동의 연락장소 역할을 하였다. 충효재 건립 시기는 1923년으로 알려져 있으나, 1934년 갑술년이다. 충효재 건립에 대해 《산남의진유사》(1970, 627쪽)는 "단기 4267년 갑술년에 추모계원의 동

충효재 현판_ 〈충효재기忠孝齋記〉
월성 손후익孫厚翼 근기謹記(1934년).

의를 얻어 계금契金을 운영하여 정 대장 부자가 탄생한 영천군 자양면 충효동 검단에 있는 유허지에 기념재를 건립하고 재호를 충효재忠孝齋라 하다."라고 하여 1934년으로 분명히 밝히고 있다. 또 충효재에 걸린 현판 〈충효재기忠孝齋記〉에도 "세불국언봉항루여한절歲不國焉逢降婁餘寒節"이라 하여 나라 잃은 갑술년 정월, 곧 1934년 1월임이 확인된다.

1946년 2월 이곳 충효재에서 양세의병장과 산남의진에 대한 거의 유일한 기록인《산남창의지山南倡義誌》가 상·하 2권으로 편찬되었다. 이것이 당시 의진에 참여했던 처우당處憂堂 이형표李亨杓의 고택에서 목판으로 100질이 출간되어 지금까지 전해지고 있다. 검계서당은 정환직의 조부 검계

《산남창의지》 (상·하 권합)
정순기 편, 1946.2.

정탁휴鄭鐸休가 설립하여 강학하던 곳이었다. 양세의병장도
어릴 적에 이곳에서 공부하였다.

동엄공이 강의공 정세아의 10세손으로 태어나다

정환직은 1844년(헌종 10) 5월 19일 경북 영천군 자양면
검단동, 곧 지금의 영천시 자양면 충효리에서 아버지 병산
공屛山公 정유완鄭裕玩과 어머니 순천이씨 이용조李鏞祖의
딸 사이에서 2남 가운데 장남으로 태어났다. 그는 처음에

는 자를 좌겸左兼 또는 열남洌南, 호를 우석愚石, 이름을 치우致右 또는 치대致大라 하였으나, 1899년 종묘 화재를 계기로 고종이 특별히 내린 자호명을 따라 자를 백온伯溫, 호를 동엄東广, 이름을 환직煥直으로 바꾸었다. 정환직은 시조 형양공의 25세손이자 임란의병장 강의공의 10세손이다. 증조부는 성균관 생원 운암雲庵 정하호鄭夏濩였고, 조부는 충효동 입향조 검계 정탁휴였다. 조부 검계공은 1824년(순종 24) 자양면 삼귀리三龜里의 귀미 마을에서 이곳 검단동으로 옮겨 터를 잡고 검계서당을 지어 강학하였다. 아버지 정유완에 이르러서는 자식이 없었는데, 어머니와 함께 자양면 기룡산騎龍山에 올라가 간절한 기도를 드린 뒤 그를 얻었다고 한다.

정환직은 타고난 성품이 올곧고 정의로웠으며 용모도 준수하였다. 재주 또한 남달라 1855년 12살 때 향시鄕試 백일장에서 장원으로 이름을 날릴 정도였다. 그렇지만 집안 형편이 어려워 공부는 그만두고, 가족과 함께 경북 영천, 김산, 청하 등 여기저기로 옮겨 다녔다.

그는 19세가 되던 무렵 여강이씨 이재석李在奭의 딸을 아내로 맞이하여 슬하에 용기와 옥기沃(鋈)基 두 아들을 두었으나, 옥기는 종숙 정치훈鄭致勳에게 양자로 갔다. 정환직

검단동(충효2리) 마을 전경
ⓒ 국토정보맵.

은 결혼한 뒤에도 전국을 떠돌며 많은 글을 남겼다. 〈고향을 그리는 시懷鄕詩〉에서는 고향을 생각하며 자신의 처지와 국가의 현실을 한탄하였고, 〈다른 사람들과의 이야기出郊外聞野人〉에서는 농민들의 처지와 일그러진 현실 정치의 폐단을 파헤치기도 하였다. 또 〈근심 없는 곳에서 살기를 바라는 글無憂城記〉에서는 돈의 폐단을 자세히 지적하기도 하였다. 글로써 그의 포부와 이상을 달래었던 셈이다.

2. 동엄공이 태의원 전의로 관직생활을 시작하다

태의원 전의로 벼슬길에 오르다

정환직이 벼슬에 오르기 전까지는 집안 형편이 매우 어려웠다고 한다. 그도 그럴 것이, 일찍부터 이렇다 할 직업도 없이 떠도는 처지였으니 말이다. 그렇지만 그동안 틈틈이 연마한 의술로 명성을 쌓았던 때문인지, 형조판서 정낙용鄭洛鎔의 추천으로 1887년(고종 24) 태의원 전의라는 벼슬로 관직생활을 시작하였다. 당시 나이 마흔넷이었다. 태의원은 당시 왕족과 궁중에서 쓰이는 약을 조제하던 관청이며, 전의는 그 일을 담당하던 벼슬이다. 하지만 그는 의술과는 관계없는 삼남 지방 시찰을 주된 업무로 하였다.

그는 벼슬길에 오른 뒤 지방 순찰 업무를 맡아서 잘못

된 정치를 바로잡고, 고통받는 민생을 돌보았다. 이듬해인 1888년 의금부도사 겸 중추원 의관, 북부도사(5품관) 등으로 벼슬이 올랐다. 그렇지만 주위에 보이는 것이라고는 외세의 간섭과 부패한 정치, 타락한 관료들이 일탈한 모습뿐이었다. 이런 모습을 보고 그는 환멸을 느끼며 관직에서 물러나고자 하였으나 고종이 만류하였다.

1894년 3월 21일(양 4월 26일) 동학농민운동이 일어났다. 정환직은 삼남참오령三南參伍領에 임명되어 동학농민군 토벌작전에 파견되었다. 정부는 처음 관군으로 이를 진압하고자 하였지만, 관군이 오히려 동학농민군에게 격파되자 청나라에 원병을 요청하였다. 이를 계기로 청일 양국 군대가 출동하였고, 일본군은 곧 우리 왕궁을 점령하였다. 청나라가 이에 항의하자, 1894년 6월 23일(양 7월 25일) 일본군은 충남 아산에서 청일전쟁1894~1895을 일으켰다.

청일전쟁이 시작되던 날인 7월 1일(양 8월 1일) 정환직은 완전사翫戰使에 임명되어 군무대신 조희연趙羲淵과 더불어 양국 군대의 전투를 직접 관전하였다. 아산에 도착하니 일본군이 승리하면서 전투지가 평양으로 옮겨지고 있었다. 그는 평양 전투지를 둘러보고 돌아와서, 고종에게 외국 군대를 불러들인 것이 잘못임을 아뢰었다. 고종도 이를 크게 후

청일전쟁 당시 일본 포병

22년식 무라타 연발총을 사용하고 있는 일본군 포병의 모습.
おおもと(1894); 小沢健志 編,《幕末·明治の寫眞》, 筑摩書房, 1997, 340쪽.

회하였다고 한다. 청일전쟁을 유리하게 이끈 일본은 우리
정부에게 내정개혁을 노골적으로 강요하였다.

동학농민군 진압에 일본군의 개입을 반대하다

동학농민군은 청일 양국 군대가 들어오자 이들을 돌려
보내기 위해 스스로 해산하였다. 그러나 일본군이 물러가

지 않고 오히려 우리 정부의 내정에 노골적으로 간섭하자, 동학농민군은 1894년 9월 '반침략'을 표어로 하여 전면적인 항쟁에 들어갔다. 다급해진 정부는 황해도의 동학농민군 토벌에 일본군의 개입을 허가하였다. 이때 정환직은 동학군 토벌을 일본군에게 의뢰하는 것을 반대하는 〈일병의뢰반대 상소日兵依賴反對上疏〉를 올렸다.

여기서 그는 동학농민군들의 죄는 조금도 용서할 수 없으나 그들도 같은 우리 백성이므로, 일본군에게 진압하도록 할 것이 아니라 한 사람의 장수로 토벌대를 이끌게 한 다음 우두머리를 먼저 처단하고, 그 무리를 해산시킨 뒤 조서를 내려 백성들을 위로할 것 등과 같은 구체적인 수습 방안을 상소하였다. 특히 정환직은 "그렇게 되면 나 자신부터 종군하여 목숨을 바치겠다."는 확고한 신념을 드러냈다.

한편 동학농민군을 진압한다는 명분으로 1894년 5월 7일(양 6월 9일) 선발대대 8백 명이 인천으로 들어왔을 때, 일본공사 오토리 게이스케大鳥圭介가 특전대를 이끌고 서울을 침략하였다. 정환직은 오토리에게 격문 〈격일장대조규계檄日將大鳥圭介〉를 보내 문책하면서 명분 없이 들어온 일본군의 철수를 요구하였다. 특히 "여름에 군사를 일으킨 일은 잘못이며, 천 리 먼 길에 군사를 이동시킨 것도 잘못이다. 이것은 병법에도 어긋날 뿐 아니라, 출동한 군사들은 풍토병에 걸려 한 사람도 살아서 돌아가지 못할 것"이라고 경고했다.

구월산 동학농민군을 평정하다

정환직은 1894년 10월 선유사 겸 토포사로 황해도 동학농민군을 평정하기 위해 파견되었다. 동학농민군들이 모여 있는 황해도 구월산에 도착해 보니, 그곳은 험악한 석벽에 천연동굴이 많아 그 형세가 자못 예사롭지 않았다. 그는 황해도 해서 지역 수령들의 협조를 얻어 관군을 앞세워 진군하였다. 한편으로는 군사를 단속하고, 또 한편으로는 〈초유문〉을 배포하여 농민군을 달랬다. 그는 하늘의 이치와 사람의 도리를 강조하며, 무리에서 빠져나와 조용히 가족의 품으로 돌아갈 것을 권하였다. 그렇지 않으면 군사를 풀어 토벌하겠다는 경고성까지 곁들였다. 그렇지만 도착하는 고을마다 온갖 위협적인 투서들이 들어오자 토벌에 나선 군사들이 오히려 불안해하였다. 정환직은 "나는 천 리나 떨어져 있는 여러분들의 생명을 구하고자 온 사람인데 어찌 이런 협박 수작에 겁을 먹겠느냐"고 하면서 군사들을 위로하였다.

구월산에 이르니 길에는 행인 하나 없었고, 주위의 모든 마을이 피해를 입은 채 온통 텅 비어 있었다. 정환직은 사람을 보내 정보를 수집하고 금광의 광부들을 불러 모아 군사를 늘렸으며, 주위 각 고을에 군량을 배정해서 운반해 오도록 하였다. 그리고 골짜기마다 막사를 세워 입산 통로를 막고, 길목을 지키며 만반의 태세에 대비하였다.

날씨는 한겨울 추위로 식수마저 끊길 정도였다. 열흘 남짓 적정을 살펴보니, 조직이 완강하고 물자 또한 풍부하여 경솔하게 공격할 처지가 아니었다. 하루는 밤중에 동학농민군들이 3초막을 공격해 왔는데, 군사가 방비를 잘 하였기에 그들은 밤새도록 공격했음에도 별다른 성과를 얻지 못했다. 정환직이 새벽녘에 골짜기 밖으로 패하는 척하며 물러나자, 그들은 의심 없이 뒤쫓아왔다. 매복해 있던 우리 군사들이 집중 공격을 하여 많은 사상자를 냈다. 70여 명을 사로잡아 산 아래 마을로 데려다 놓은 뒤, 다시 귀순한 동학농민군 10여 명을 앞세워 산속으로 들어가 그들의 소굴을 소탕하여 적장 수십 명을 사로잡고 많은 물품을 몰수하였다.

이때 정환직은 다리에 부상을 입고 피를 많이 흘렸다.

부하들이 놀라자, 그는 군사들의 사기를 생각하여 '시체를 타고 넘다가 옷을 더럽혔다'고 하고는 지휘를 계속하였다. 구월산 일대의 동학농민군을 평정하고 전투를 끝낸 뒤, 그는 스스로 침으로 총알을 뽑아냈다. 이를 본 사람들 모두가 놀라 탄복하였다고 한다. 정환직은 산을 내려와 임시 주둔소에서 황해도 관찰사의 위로 방문을 받았다. 압수한 현금과 곡식과 의류 등은 광부들에게 상금으로 나누어 주고, 병기 등 무기는 서해 병영으로 운반하였다. 그는 약 3개월 동안 황해도 구월산 일대 동학농민군을 평정하고 서울로 돌아왔다.

1895년 1월 정환직은 〈서정일기西征日記〉를 작성하여 군부에 보냈다. 이때 고종은 정환직을 호군당상으로 천거하였다가 다시 태의원 시종관(전의)으로 임명하였다. 송상도宋相燾, 1871~1946는 《기려수필騎驢隨筆》에서 "1895년 봄 동비를 토평한 공으로 태의원별입시太醫院別入侍에 제수되어 시종신이 되었다."고 하였다. 그해 8월 그는 시찰사 겸 토포사로 삼남 지방을 돌다가 경남 진주에서 '을미사변'이 일어났다는 소식을 듣고 급히 상경하였다. 자세한 내용을 알아보니, 이 사건은 일본공사 미우라 고로三浦梧樓의 주도로 일어났으며, 그 내막에 김홍집金弘集의 친일내각이 수구

세력들을 몰아내려는 배경이 깔려 있다는 것을 알고 벼슬에서 물러나 사저로 돌아왔다.

서강 사저에 물러나 나라의 안위를 걱정하다

정환직은 관직에서 물러나 약 2년 동안 사저에 머물며 시국을 걱정하였다. 이 시기에도 많은 글을 남겼다. 〈서강사저에서 가을을 회포하다西江秋思〉라는 시에서는, 평시에는 그렇게도 잘난 사람들이 많았는데, 나라가 이 지경이 되었을 때는 정작 나라를 걱정하는 사람이 없음을 한탄하였다. 또 제목이 없는 시詩에서는 "보검은 찾는 사람이 없으니 칼집 속에 간직되어 있고, 황금이 광채를 내지 못하니 티끌에 묻힐 따름이라, 앉은 자리에 눈물 닦기도 서럽지만 머리 위에 흰 털을 어찌할꼬"라고 하여, 자신의 처지에 대한 안타까운 심정을 글로 읊었다. 그는 이러한 글귀를 통해서 자신의 포부를 은연중에 드러내곤 하였다.

특히 그는 〈나라의 처지를 탄식한다歎有無處地〉는 글에서

임금이 있어도 섬길 곳이 없고   有君無事處
충성은 있어도 드러낼 곳은 없다.   有忠無效地

백성이 있어도 돌봐 줄 곳이 없고	有民無恤處
나라가 있어도 보존할 땅은 없다.	有國無保地
몸이 있어도 돌아갈 곳이 없고	有身無歸處
죽음이 있어도 장사지낼 곳이 없다.	有死無葬地

(중략)

사람이 있어도 사람이 없는 곳이며	有人無人處
나라가 있어도 나라가 없는 곳이다.	有國無國地

라고 하여, 당시의 현실을 한탄하였다. 당시 백성들은 1895
년 8월 20일(양 10월 8일)의 을미사변, 곧 명성황후 시해 사
건과 11월 15일(양 12월 30일)의 단발령 등을 '천하 고금에
없는 대변大變'으로 여기고 분노하였다. 더구나 12월 28일
(양 1896년 2월 11일), 이 틈을 이용하여 일부 정객들이 고
종과 세자를 남의 나라 공사관으로 모셔 간 아관파천과 같
은 어처구니 없는 일들도 벌어졌다. 이런 상황을 정환직은
나라가 있는지, 임금이 있는지, 백성이 있는지, 사람이 있는
지, 강도가 있는지, 바꾸어 말하면 '있는 것이라고는 아무것
도 없는 기가 막힌 현실'을 글로 꼬집어 개탄하였던 것이다.

신대장과 더불어 시국 수습 방략을 의논하다

정환직은 또 이 무렵 신대장申大將과 함께 나라의 현안에 대해 의논하였다. 여기서 그는 동학농민운동 이후 민간에 버려진 무기와 탄약 등 군기를 수습할 것, 군사를 정비하고 무기와 군량을 충실히 할 것, 병정들에게 급료를 넉넉히 주어 병사들의 마음을 위로할 것, 동학농민군 진압에 공로가 있는 사람에게는 보상해 줄 것, 기술이나 여력이 있는 사람들을 모아 두었다가 응급에 대비할 것, 태학관 유생들을 시켜서 삼남 각 도·읍의 향교에 통문을 보내 의병을 일으켜서 국가를 보호하도록 할 것, 민간에 언론의 자유를 주어 각자 자기 소견을 낼 수 있도록 할 것 등 '시국수습 방략 7가지'를 제기하였다.

이 가운데서 특히 눈에 띄는 것은 "태학관 유생들을 시켜서 삼남 각 도·읍의 향교에 통문을 보내 의병을 일으켜서 국가를 보호하도록 할 것"이란 항목이다. 이것은 정환직이 당시 의병투쟁을 긍정적으로 보았을 뿐 아니라, 국가를 보호하려면 의병이 꼭 일어나야 한다는 인식을 가지고 있었다는 것을 말해 준다. 그가 뒷날 산남의진을 일으킨 것과도 무관하지 않을 것으로 풀이되는 대목이기도 하다.

여기서 신대장은 누구인지 분명하지 않으나, 〈동엄선생 묘갈문〉(이호대, 1967.11.)에서 "일찍이 신경사태휴申警使泰休에게 시국 수습에 대한 방략을 의논한 일이 있다."고 한 데서 짐작이 된다. '신경사태휴'는 신태휴로, 생몰연대는 미상이나 1898년에 경무사警務使·농상공부 협판·육군참령, 이듬해에는 비서원승·중추원 의관·육군부령陸軍副領, 1904년에는 육군법원장의 서리·평리원 재판장·육군참장陸軍參將에 이어 헌병사령관 임시 서리·육군법원장이 되었다. 1905년에는 다시 경무사를 거쳐 의정부찬정, 1906년에는 경상북도 관찰사와 평안북도 관찰사를 지낸 인물이다. 정환직이 말한 신대장은 바로 이 신태휴였다.

일본으로 도피한 갑신년 역적들의 처단을 주장하다

관직에서 물러나 자연인의 신분으로 있을 때도 나라를 걱정하는 정환직의 마음은 조금도 흐트러지지 않았다. 그는 정부와 중추원 관리들을 대상으로 〈정부의석에 부치는 글寄政府議席〉을 정계에 보냈다. 교활한 역적 정객들의 처단을 촉구한 것이다. 골자는 다음과 같다.

나라를 위하는 법은 충성을 기리고 역적을 주살하여
서 법령과 기강을 바로 세우는 것이 정론이다. 지금 임금
이 러시아 공관으로 파천하였고, 역적들은 도망가 있으
니 신하된 백성으로 누가 분해하지 않겠는가. 벌써 (을미
사변이 일어난 지) 한 달이 지나도록 역적 2명은 죽였으
나 도망간 8명은 아직도 잡아들였다는 소식이 없으니 이
것은 무슨 까닭인가. (이들을 잡아들이는 것이) 조금이라
도 늦어지면 반드시 간사한 무리들이 그 사이에 붙어서
역적들과는 물론 적국들과 결탁되어 장차 나라에 큰 우
환을 가져올 것이다. 이제 8적을 다 잡지 못하더라도 그
종류가 다시 불어나지 않도록 하여야 잡초를 제거하는
데 있어 뿌리를 뽑는 것이 되는 것이다.

《산남의진유사山南義陣遺史》, 1970, 104~105쪽)

정환직은 을미사변 이후 전국적으로 의병항쟁이 일어나
고 고종이 아관파천해 있는 혼란 속에서, 역적들부터 처단
하여 앞으로 생길 큰 우환을 막는 것이 가장 급한 일이라
고 주장하였다. 그가 말한 역적들이란 국모를 시해하고 단
발령을 강행하여 나라를 위험에 빠트린 김홍집내각의 대신
들을 일컫는다. 전국 각지에서 일어난 의병들은 가장 먼저
제거해야 할 '천하 만고의 역적'으로 '4흉·10적'을 꼽았다. '4
흉'이란 1884년 갑신정변의 주역 김옥균·박영효·서광범·홍

영식이며, '10적'이란 1895년 을미사변 곧 명성황후 시해와 관련된 10부 대신들로 김홍집·유길준·김윤식·정병하·조희연·장박·우범선·권형진·이범래·이진호 등을 말한다. 김홍집내각은 1896년 12월 28일 아관파천 단행으로 무너졌다. 이때 김홍집과 어윤중은 민중들의 손에 피살되었고, 남은 '8적' 대신들은 국내 또는 국외로 몸을 숨겼다. 정환직이 말한 역적들이란 바로 이들 4흉·10적인 것이다.

아관파천 1년 만인 1897년 1월 19일(양 2월 20일) 고종이 경운궁으로 돌아왔다. 고종은 나라의 기강을 바로잡고자 7월 16일(양 8월 14일) 연호를 '광무', 9월 16일(양 10월 11일) 국호를 '대한제국'으로 하고 9월 17일(양 10월 12일) 환구단에서 황제 즉위식을 올렸다. 이 무렵 정환직은 을미사변과 관련된 역적들을 엄벌할 것을 직언한 〈토역상소討逆上疏〉를 바쳤다. 그는 명성황후 시해 사건이 일어난 지 2년이 지나도록 도망간 역적 무리들을 잡아들여 처벌하지 못한 처사를 통탄하고, 외국에 협조를 청해서라도 이들을 신속하게 잡아들일 것과 협조에 응하지 않는 나라에 대해서는 통상과 외교를 단절할 것 등을 강력하게 촉구하였다. 그는 자신이 주장한 말이 옳지 않다면 "망언한 죄로 목을 베어 달라."고까지 간언하였다.

〈전도사정환직소前都事鄭煥直疏〉
《고종실록》 광무 3년 1월 1일자.

고종이 대한제국의 수립에 걸맞게 각종 제도를 개혁하고 인재도 새롭게 등용하면서 그는 태의원별입시로 시종관에 다시 임명되었다. 그런데 이 때 또 전주사 이석렬李錫烈은 상소로써, 중추원 의관 최정덕崔廷德 등은 의안을 올려 일본으로 도망가 있는 박영효와 서재필 등을 옹호하였다. 정환직은 곧바로 이를 규탄하는 상소 〈전도사정환직소前都事鄭煥直疏〉를 올리고, 이 역적 무리들을 철저하게 다스려 더 이상 이런 말들이 나오지 않도록 할 것을 강경하게 아뢰었다. 실제로 이 시기 독립협회는 갑신정변의 주역들에 대한 입국운동을 다양하게 벌이고 있었다. 종로거리의 연설·언론 보도·투서, 심지어는 상소로까지 이어졌다. 이러한 움직임을 정환직은 단호하게 반대하고, 그들의 주장이 더 이상 나올 수 없도록 그 무리들을 엄벌할 것을 상소하였다. 이 상소에 대해 고종은 "떳떳한 본성을 지닌 사람이면 당연히 이런 말을 할 것이다."라고 비답을 내렸고, 비서원에서는 "상소 비답을 관보에 게재하라."고 의정부로 통첩하기도 하였다.

일본 또한 러일전쟁을 일으키고 전쟁을 치르는 데 필요한 우리의 땅을 저들 마음대로 사용하기 위해, 1904년 1월 8일(양 2월 23일) '한일의정서'라는 것을 강제로 체결하였다. 그런데 고종이 일본군에게 '거액의 기부금'을 냈다 하여, 일본 국왕 무쓰히토穆仁가 '감사의 표시'로 일본 정부 추밀원 의장 이토 히로부미伊藤博文를 특파대신으로 한국에 보내 왔다. 대한제국에 온 이토는 우리 정부에 한일의정서 내용의 실천을 요구했다. 정환직은 부호군 출신 현학표玄學杓, 황국협회 출신 박유진朴有鎭 등과 함께 〈일본사신에게 조회를 보낸다照會日本使〉라는 글을 보내 그를 비판하였다. 내용을 줄이면 다음과 같다.

대한제국의 정환직 등이 일본제국 전 총리대신 이토 각하에게 보내노라. 이제 우리나라와 귀국은 국경이 이어지고 사신이 서로 왕래하는 관계이다. 우리의 국운이 불행하여 을미년 팔월에 큰 변을 당했으니, 이는 개벽 이래에 없었던 일이다. 우리나라의 원수는 곧 귀국에도 수치다. 귀국이 우리나라의 원수 미우라 고로를 광도廣島의 재판에서 증거 불명으로 돌리고, 우리나라 역적들이 도망쳐서 귀국에 숨어 있는데도 오히려 보호하고 있으니, 차라리 다른 나라에 원조를 요청할지언정 구차하게 귀국과 친선하고자 하지 않을 것이다. 우리는 하늘과 땅끝까지 미치는 원한을 이렇게 글로 적어 창자에 끓는 피를 보이는 것이다. 각하는 이것을 가지고 귀국 정부에 돌아가서 우리나라의 역적 무리들을 바로 죽을 곳으로 돌아오도록 하여, 우리의 분을 풀 수 있게 해 주기를 바란다.

정환직은 일본 국왕이 친선을 위해 특파한 이토에게, 일본으로 망명한 우리 역적 무리들을 일본이 보호해 줄 것이아니라, 즉시 잡아서 돌려보내라고 강력히 권고하였다. 그는 역적들을 지켜 주고 있는 일본에 대한 우리 백성들의 민심을 일본 정부에 전달하려 했던 것이다.

종묘 화재에서 황제와 태자를 안전한 곳으로 모시다

1899년 가을 이후 활빈당을 비롯하여 흔히 말하는 화적

들이 전국에서 소란을 피웠다. 그해 10월 정환직은 삼남검
찰 겸 토포사에 임명되어 삼남 지방 일대를 돌면서 민정을
살핀 뒤 시종신侍從臣으로 복귀하였다. 같은 해 11월 20일
(양 12월 22일) 밤 종묘에서 원인 모를 큰 화재가 일어났다.
그는 먼저 금군을 시켜 사방의 출입문과 궁궐문을 봉쇄하
도록 하고, 외부인의 출입을 일체 금지시킨 뒤, 불길 속으
로 뛰어들어가 위패[廟主]가 있는 상판을 다른 곳으로 안전
하게 옮겼다. 궐문 밖에 일본군이 들어와 문을 열어 주기를
요청하였으나 '궁안에 모든 준비가 다 되어 있으니 걱정 말
라'며 거절하였다.

고종과 태자도 화재에 놀라 현장으로 나왔다. 이 모습을
보고 놀라 급히 아뢰기를 "심야 궁중에 화재가 예사롭지 않
으니 나오실 곳이 못 됩니다. 급히 피하소서." 하고 자신은
황제를, 내시 나시환羅時煥은 태자를 업어 안전한 곳으로
모셨다. 고종이 안전하게 돌아와서는 정환직의 손을 잡으며
"오늘 밤의 일은 경이 있어서 다행이었소!" 하고, 옥배玉杯
와 금은·패물 등 큰 선물을 내리고 초상까지 직접 그려 주
었다. 뿐만 아니라 고종은 자호명까지 백온·동엄·환직으로
직접 지어주었다고 한다. 정환직이 광무황제로부터 각별한
총애를 받게 되었다는 뜻이기도 하다.

종묘 화재 시기에 대해서는 송상도가 《기려수필》에서 1899년의 11월 20일자로 그 사실을 자세히 기록하였다. 이것은 당대의 기록이다. 그런데 후대의 기록인 《산남창의지》는 1901년 11월 20일자로 기록하여 지금까지는 대체로 1901년 11월 20일자로 알려져 왔다. 그러나 1899년 11월 20일(양 12월 22일)이 옳다.

《고종실록》 1899년 1월 1일자 기사에 이미 "전도사정환직소략"이라고 하여 '정환직'이라는 이름이 나오고 있고, 작자 미상으로 조선 말기 사회활동에 대한 기록인 《일신日新》 1901년 4월 18일자의 기사에도 "토포사 정환직"이라 하여 그 이름이 등장하고 있다. 종묘 화재가 1901년 11월 20일(양 12월 22일)에 발생해 그 공로로 '환직'이란 이름을 하사받았다면, 이는 모순이다. 또 1899년 11월 화재 당시에는 그의 관직이 '태의원 시종신'이었지만, 1901년 11월 당시에는 관직에서 물러나 있어서 궁궐에 있지도 않았을 시기였기 때문에 《기려수필》의 기록이 옳다는 것을 확인할 수 있다.

삼남 시찰 중 평리원에 구속되다

정환직의 관직생활은 그리 녹록지 않았다. 그는 1887년 태의원 전의로 벼슬에 오른 뒤, 1894년 10월 삼남참오령으로 구월산 동학농민군을 평정하였다. 1899년 10월에는 삼남검찰 겸 토포사로 삼남 지방을 순시하고 돌아와 시종신으로 복귀하였다. 그해 겨울 11월 20일(양 12월 22일) 종묘 화재를 겪으면서 고종의 특별한 총애를 받기도 하였다.

그는 중추원 의관에 임명되었으나 곧 사직하고 물러났다. 그것은 《승정원일기》 1899년 12월 28일자에서 "6품 정환직을 중추원 의관에 임용하였다." 하고, 1900년 1월 9일자에서는 "중추원 의관 정환직의 본관을 의원면직하였다." 한 데서 드러난다. 정환직은 중추원 의관에 임명된 지 겨우 열흘 만에 본인의 뜻으로 의관직에서 물러났다는 것이다.

1900년 여름에는 다시 원수부위임 겸 삼남시찰사에 제수되어 영남 지방을 순시하였다. 그러나 그는 직무를 수행하다가 어명을 받든 봉세관에 의해 서울로 잡혀갔다. 임금이 이 소식을 듣고 풀어주게 하여 복직하였으나 그는 사직하였다. 내부內部에서는 1900년 8월 10일(양 9월 3일) 의정부에 "경상남도 상무도검찰商務都檢察 정환직이 소지한 마패 1면을 거두어 반납할 것"을 통첩하였다. 그렇지만 그는 그해 겨울에 다시 삼남도찰사로 승직하여 영남 지방 관리들의 기강을 살폈다. 이때 경주부윤을 탐관오리로 파면시킨 일도 있었다.

정환직이 그 뒤 경상도 남부 일대를 순찰하고 경주에 도착하여 업무를 보던 때였다. 한밤중에 "어명이야!" 고함치며 한 관인이 군졸 수십 명을 거느리고 와서, "나는 경상도를 책임 맡은 시찰사 강용구康瑢九로서 삼남도찰사의 사무 일체를 대신하였으니 그 사무를 인계받고자 한다."고 하였다. 그는 "어명이라고 한 경우에는 신하된 도리로 항거할 수 없다."고 하며, 모든 것을 인계하고 서울로 갔다. 여기서 강용구는 1899년 11월 경상·전라 지방의 광산을 감독하는 관리였고, 1900년 윤8월 내장원 봉세관으로 승직했던 강용구로 짐작된다.

서울에 머물던 그는 1901년 2월 30일(양 4월 18일) 울산·양산 양 군의 군민들에게 공전公錢을 부과하면서 불법횡포를 저질렀다고 내부에 고발당하였다. 또 같은 해 5월 9일(양 6월 24일)에는 지세과장이 경부警部로 "전 삼남시찰사 정환직이 경주군·언양군 등의 공전 범용이 극심하였으니 즉시 붙잡아서 밝혀 주길 바란다."고 조회하였다. 1903년 4월 12일(양 5월 8일) 평리원은 "공전을 잘못 부과한 전 토포사 정환직을 구금"하였음을 의정부에 보고하였고, 1904년 2월 16일(양 4월 1일) 평리원이 의정부에 보낸 보고서 〈평리원 죄수 중 보석으로 석방된 자에 대한 보고〉의 보석 석방자 78명의 명단에 정환직의 이름이 들어 있다.

정환직은 삼남 지방을 돌며 탐관오리를 처벌하는 등 민생을 고통에서 구출하려 하였다. 하지만 권력을 탐하는 무리들이 강용구 같은 인물을 보내 그의 직권을 빼앗는가 하면, 각 수령들을 조종해 허위 보고를 하도록 하여 그를 평리원, 곧 지금의 대법원에 기소하였던 것이다. 그는 평리원 심문을 받고 갇혔다가 고종의 배려로 무죄 석방되어 시종원으로 복직되었으나 상소를 올려 사직하였다. 고종은 그에게 다시 중추원 의관을 제수하였다고 한다.

정리하면, 정환직은 시찰사 겸 토포사로서 경상도 각 군의 공전을 잘못 부과한 죄로 1901년 4월 이후 평리원에 기소되었다가 어명으로 풀려났으나, 민원으로 다시 1903년 4월 12일(양 5월 8일) 평리원에 수감되어 약 10개월 만인 1904년 2월 16일(양 4월 1일) 보석으로 풀려난 셈이다. 이러한 사실은 비록 《각사등록(근대편)》과 같은 정부문서의 내용이긴 하지만, 타협했을 리 없는 그의 성품과, 간신들의 농단으로 파국을 맞고 있던 당시 정치 현실을 떠올려 보면 이해가 되지 않는 것은 아니다. 1905년 정환직은 다시 삼남 도찰사 겸 토포사에 임명되어 호서와 호남 지방을 순시하기도 하였다. 그가 비서승에 오른 것도 이 무렵이었던 것으로 보인다.

시국을 걱정하며 그 대책을 제시하다

정환직이 관직을 떠나 있던 1902년 당시, 그는 정치·사회·경제·군사·교육 등 각 분야에 걸쳐 국가가 시급히 해결해야 할 과제들을 열 가지로 정리하여 〈십조소十條疏〉를 올렸다. 키워드를 중심으로 살펴보면 명국법明國法, 교육敎育, 제용관除冗官, 거현량擧賢良, 축간세逐奸細, 참패역斬悖逆, 금치화 금부과禁侈華禁浮誇, 금유의 금유식禁遊衣禁遊食, 양병良兵, 금복무禁卜巫 등이다. 그 내용을 정리하면 다음과 같다.

1. 국법을 믿고 따르게 할 것
2. 준수한 인재를 선발하여 교육시킬 것
3. 소용없는 관리를 도태시켜 국가 재정을 허비하지 말 것
4. 의심되는 사람은 쓰지 말고 책임 있는 관리들로 직무를 완수하게 할 것
5. 착취하는 신하들을 몰아내어 백성들을 위로할 것
6. 도망한 역적들을 주멸하는 것을 늦추어서는 안 될 것
7. 정치를 개혁하여 법으로 사치와 부과를 금지할 것

8. 농업에 적합한 인재들을 훈련시켜 농업국가로 발전시
   킬 것
9. 우수한 인재로 군사를 정예화할 것
10. 임금은 정심하여 잡류들에게 길흉을 문의하지 말 것

이것은 그동안 그가 삼남 지방을 시찰하면서 보고 듣고
느끼며 고민해 왔던 문제들이자, 공직생활에서 이루고자
했던 이상이었을 것이다.

갑신년의 역적들을 옹호하는 분위기를 막다

러일전쟁을 배경으로 1904년 1월 8일(양 2월 23일) 일본
공사 하야시 곤스케林權助가 외부대신 이지용을 협박하여
한일의정서를 맺은 뒤, 우리나라에 대한 일본의 영향력은
점점 더 커졌다. 이러한 분위기는 일본으로 도망간 역적들
에게도 일말의 희망이 되었을 것이다. 그것을 반영이나 하
듯, 《한성신문漢城新聞》의 〈잡보〉에 〈명부에서 만나 웃으며
하는 이야기幽明邂逅之語〉라는 제목으로, 역적 김옥균·안
경수·우범선 세 사람이 명부에서 서로 손을 잡고 기뻐한다
는 내용의 기사가 실렸다. 정환직은 너무나 해괴하고 황당

하여, 〈황탄한 언론을 분별하여 없애다辨破荒誕說〉를 반포
하여 이를 비판하였다. 김옥균·안경수·우범선 3인은 갑신
정변 이후의 대역죄인인데, 아무리 '명부(저세상)'라 할지라
도 이 같은 흉역 죄인들을 벌을 주지 않고 즐겁게 노닥거리
며 지내도록 놓아두겠느냐며, 이런 이치에 맞지 않는 허황
한 기사에 세상 사람들이 혹시나 속을까 하여 이를 경계한
다고 하였다. 언론의 이러한 기사는 일본이 러일전쟁을 승
리로 이끌면서 우리나라에 대한 발언권이 커지자 일본세력
을 등에 업은 간신들이 분위기에 편승하여 이를 시험한 것
인데, 정환직은 이러한 분위기를 단연코 차단하려 하였던
것이다.

　이처럼 정환직은 역신들에 대해서는 강경하게 처벌을 요
구하였지만, 또 한편으로는 유능한 인재들은 수시로 조정
에 천거하기도 하였다. 고종이 국권을 회복하고자 인재 초
빙에 대해 물어 왔을 때도, 그는 면우俛宇 곽종석郭鍾錫과
벽도碧濤 양제안梁濟安을 비롯하여 명망 있는 여러 인사들
을 추천하기도 하였다.

동래 백정들이 세운 보의당을 무너뜨리다

1905년 정환직은 삼남도찰사 겸 토포사로 임명되었다. 그가 호서·호남 지방을 순시하고 경남 지역에 도착해 동래에 이르자, 백정들이 보의당報義堂을 세워 놓고 자신을 환영하고 있었다. 그는 이들에게 나라를 위하여 충성을 다할 것을 권고하고, 보의당은 무너뜨리도록 하였다. 정환직은 백정들이 만든 보의사報義社라는 단체의 사원들에게, "무릇 보의사원들은 몇백 년 동안 갓을 쓰지 못하던 인형人形으로서 사람의 축에도 들지 못하였는데, 이번에 우리 임금의 하늘 같은 은혜로 천한 자리를 면하고 호적에 들어가서 평민의 반열에 오르게 되었다. 그 두터운 은혜를 갚기로 생각하면 분골쇄신을 할지라도 어려울 것인데, 하물며 마음으로만 될 것이 아니고 직접 몸으로서 행동해야 될 일이다."라는 내용의 〈보의사원에게 통유하다諭報義社〉를 배포하여, 나라에 충성을 다할 것을 강조하였다.

보의사는 뒷날의 형평사衡平社로, 당시 멸시받는 신분이었던 백정들이 스스로 만든 조직이다. 이들은 갓을 쓸 때 자신들도 상민들과 같은 갓끈을 쓰게 해 달라고 주장하였다. 정환직이 삼남을 돌아보다가 이러한 주장을 듣고 허용

해 주자, 이 같은 조치에 고마워하며 보의당을 세우고 동래에 도착한 정환직 일행의 환영회를 연 것이다. 그러나 정환직은 여기서 백정들을 위로한 뒤, 자신을 위해 세운 보의당은 부수게 하였다. 그는 삼남도찰사 겸 토포사의 임무를 잘 마치고 태의원으로 복귀하였다. 1905년 11월 을사늑약 체결 당시 그의 벼슬은 태의원 전의였다. 본래 의원은 아니었지만 고종이 그를 가까이 두기 위해 내린 벼슬이었다고 한다.

3. 단오공이 검계서당에서 학문을 깨치다

단오공 정용기는 항상 옳은 일에 앞장서다

정용기鄭鏞基, 1862~1907는 1862년 12월 13일 경북 영천군 자양면 검단동, 지금의 영천시 자양면 충효리에서 아버지 정환직과 어머니 여강이씨 사이에서 2남 중 장남으로 태어났다. 그는 자를 관여寬汝, 호를 단오丹吾라 하였고, 증조부가 지은 검계서당에서 일찍부터 할아버지 정유완의 가르침을 받아 학문을 깨우치고, 서당에 있는 많은 책을 읽었다. 그는 품성이 활달하고 용감하였으며, 올바른 일에는 항상 앞장섰다. 그러나 아버지 정환직이 관직에 나가기 전까지는 집안 형편이 너무 어려워서 공부는 하지 못하고 아버지를 따라 이곳저곳으로 옮겨 다녀야 했다. 그는 그림과 글

정용기 의병장 생가 터
경상북도 영천시 자양면 충효리 603번지, 양세의병장 묘원 옆 소재.

씨 등에서 상당한 재주를 드러냈는데, 그 가운데서도 그림
을 잘 그렸다고 한다.

  양세의병장의 고향집[鄕齋]이 궁금하였는데, 정용기 의병
장의 손자 정대영 74세, 경기도 김포시 풍무동 100번지 씨가 증
언하기를 양세의병장 두 분의 본적지이자 거주지였던 곳은
검단동 603번지라고 한다. 그렇다면 이곳이 1907년 8월 일
본군에 의해 불태워진 생가가 있었던 곳이다. 검계서당 터

의 충효재에서는 동북쪽으로 약 1백 미터 남짓 떨어져 있고, 양세의병장 묘원의 정용기 대장 묘소 바로 옆이 된다. 지금은 빈터에 대나무만 무성하게 자라고 있다. 충효리에 사는 정의택鄭義澤, 87세, 충효리 616번지 씨의 말에 따르면, 정용기 대장의 부인 최씨가 그곳에 초막집을 짓고 5남매를 데리고 어렵게 살았다는 이야기를 들었다고도 했다.

15세 때인 1876년 아버지를 따라 김산金山 봉계鳳溪(지금의 김천시 봉산면 예지리)로 이사하였다. 당시 봉계에는 먼 친척들이 많이 살고 있었으므로 살길을 찾아갔던 것이다. 그러나 그곳에서도 아버지의 유랑생활은 계속 이어졌다. 그래서 그는 농사도 직접 지었고, 부업으로 공예도 하며 집안을 돌보았다고 한다. 그가 봉계로 옮겨갔던 1876년에는 극심한 가뭄으로 큰 흉년이 들었다. 부모를 잃은 고아들이 수없이 길거리를 울며 떠돌았다. 보다 못한 그는 마을의 빈집 한 칸을 손질해서 고아들을 불러 모으고, 부잣집 사람들을 찾아다니며 도움을 청해서 고아들을 거두었다. 이러한 일로 그는 많은 사람들로부터 칭찬을 받았다고 한다.

김산 봉계리로 이사한 지 10년도 안 되어 그는 영천으로 갔다가 다시 청하군 죽장면 창리蒼里(지금의 포항시 북구 죽장면 현내리 창촌)로 이사를 하였다. 여기서 이 지역의

이능경李能璟·이능종李能種 형제를 비롯하여, 이한구李韓
久·정순기鄭純基 등 여러 인사들과 깊이 사귀게 되었다. 창
마을은 여강이씨가 많이 모여 사는 곳이기도 하였다.

이한구는 여강이씨 문원공文元公 회재晦齋 이언적李彦迪,
1491~1553의 12세손으로 월성군 강동면 양동良洞에서 태어
나 살았으나, 정용기가 창마을에서 자양면 검단동으로 돌
아오자, 우정에 이끌려 검단동과 고개 하나 사이인 청하
죽장 지평芝坪으로 옮겨 와 살았다. 정순기는 정용기의 육
촌 동생으로 원래 흥해에서 살았는데, 시국이 어수선해지
자 검단으로 옮겨 왔다. 정용기가 이한구와 정순기 등과 한
집안 식구처럼 가깝게 지내게 된 것도 이러한 내력이 있었
기 때문이다. 정용기는 1887년 아버지 정환직이 태의원 전
의로 관직에 오르자 비로소 서울을 오르내리기 시작했다.

서울에 머무는 동안 시국을 논하다

정용기는 1887년 아버지 정환직이 벼슬길에 오르자 상경
하여 아버지를 모셨다. 이때 이한구와 정순기도 정용기를
따라서 서울에서 머물렀다. 하지만 이들은 개화를 빙자한
간사한 무리들이 국정을 농단하고 있었기 때문에 벼슬길에

는 나아가지 않았다. 정용기는 1901년 한때 혜민원 총무를 지내기도 하였다. 이때는 아버지 정환직이 평리원에 기소되어 관직을 떠나 있을 무렵이었던 것 같다. 그가 이곳에서 얼마나 근무했는지는 알려져 있지 않다.

정용기는 1905년 을사늑약 체결에 즈음하여 국운이 날로 기울어 가는 것을 보고 나라를 위해 몸 바칠 각오를 하였다. 그는 아버지를 따라 서울에 올라가 머무는 동안 나라와 시국에 대한 걱정을 글로 표현하였다. 〈여러 친구들과 더불어與諸益〉라는 시 한 수를 보자.

마음에 누각을 짓고 매번 난간에 올라서 　心作高樓每上欄
세상의 일을 한번 둘러보니 　　　　　　塵間事業一回看
백성은 땅을 잃고 점점 곤경에 빠지는데 　民情漸困秦阡陌
풍속은 어찌 옛 의관을 없애려 하는가. 　俗尙何亡漢服冠
길을 빌려주면 온 땅이 함락된다고 간할 사람 누구이며
　　　　　　　　　　　　　　　　假途誰諫全城陷
한번 따스한 것은 오랜 추위를 막아낼 수 없으리라.
　　　　　　　　　　　　　　　　一曝難防十日寒
재야에 숨은 선비들을 헤아릴 것 같으면 　林泉居士如能數
오백 년 운수가 아직 남아 있으리라. 　　五百年猶運未闌

여기서 정용기는 '민생은 피폐해지고, 외세의 침탈은 점점 더 심해지는데, 이를 걱정하는 사람이 없으니 큰 낭패'라고 한탄하였다. 그러면서도 그는 재야에 나라를 걱정하는 선비들이 있는 만큼 그들의 역할에 상당히 기대를 걸고 있었던 듯하다.

정부에 시책을 건의하고 실정을 반박하다

정용기는 민중의 애국심을 북돋우기 위해, 서울 종로 네거리를 돌며 시국에 대한 연설과 강연을 펼쳤다. 뿐만 아니라 그는 국가가 시급히 개선해야 할 사안으로, 황실을 높일 것[尊帝室], 조정의 간사한 무리를 내쫓을 것[逐奸細], 점술 등 사술을 금지할 것[禁邪術], 나라의 근본인 백성을 보호할 것[保生民], 민생을 도탄으로 빠뜨리게 하는 놀고먹는 자를 없앨 것[逐遊食者], 부정하게 청탁하고 기회만을 엿보는 잡류들을 쓸어 낼 것[逐雜類] 등의 여섯 가지 조목을 의정부에 건의하였다.

그가 그릇된 정치 풍토와 부패한 사회를 바로잡기 위해 건의한 이 여섯 가지 조목은 하나하나가 당시의 정치·사회의 현실에 대한 날카로운 지적이었다. 한 가지를 보면, '놀고먹는 자를 없게 할 것'에서는 이렇게 말하고 있다.

천생만물에는 각기 그 직업이 있다. 그 가운데 사농
공상은 생민의 근본이다. 지금 우리나라 백성은 직업 없
는 자가 십중팔구나 된다. 포구와 임야는 황폐한 그대
로 두고, 또 해산물과 광산업은 외국인의 손에 맡겨 두
었으니, 이렇게 되어서야 백성은 굶주림을 면할 수가 없
고, 나라는 가난을 면할 길이 없다. 저 유림이니 양반이
니 하는 무리들은 대궐 같은 집에 비스듬히 앉아서 백성
들의 기름을 빨다가, 군수 한자리라도 얻으면 오로지 토
색討索을 일삼아서 민생을 도탄에 빠지게 하는 독이 미치
지 않는 곳 없으니, 놀고먹는 자를 불가불 없게 해야 될
일이다.

그는 이 '축유식자' 조목에서, 양반이니 유림이니 하는
무리들을 놀고먹으며 백성들의 기름을 빨고, 토색질하여
결국 민생을 도탄에 빠지게 하는 독이라고 보고, 이들과 같
은 놀고먹는 자들을 없애야 한다고 건의하였다. 그렇지만
이러한 건의가 과연 얼마나 받아들여졌을까 하는 것은 여
전히 의문으로 남는다.

또 내부내신 이지용의 실정을 지탄하는 〈통곡으로 한국
민을 조상한다痛哭弔韓國民〉를 발표하여 정치인들은 말할

것도 없고 백성들의 경각심까지 일깨웠다. 그 가운데 이지용을 통박한 내용을 보자.

저 좀스럽고 어리석은 이지용으로 어찌 붓을 더럽게 하겠느냐마는, 그가 황실의 친척으로서 종사도 여론도 생각지 않는 것을 사람의 도리로 꾸짖는다. 이지용 같은 돼먹지 못한 사람을 어찌 사람의 도리로서 꾸짖을 수 있으랴! 우리가 꾸짖는 것은 내부대신이지 사람도 아닌 이 가를 꾸짖는 것이 아니다. 외교와 군사 등 제반 권리를 모두 통감부에 빼앗기고, 남은 것이라고는 교육과 인민생명 몇 가지뿐이다. 인민이 도탄에 처해 있는 오늘날, 정부 당국자들이 진실로 사람의 마음이 있으면 마땅히 백성에게 도움이 될 관리를 뽑아 그 책임을 다하게 하여 백성들의 마음을 조금이라도 진정시켜 나가야 할 것이다. 그런데 그가 사람 선택하는 것을 보면, 조석으로 문안하는 빌어먹을 귀신 같은 것들과 무뢰 잡류들의 뇌물 청탁으로 충당하고 있다. 나라 망치는 책임이 어찌 내부대신에게만 있겠는가? 저 통감은 한국을 하루속히 망하도록 하는 자라.

정용기는 내부대신 이지용이 황실의 친척으로서 바른 정치를 하려 하기보다는, 통감에게 모든 권한을 빼앗기고 빌어먹을 궁귀들과 무뢰 잡배들의 농간 속에서 나라를 망치게 하는 죄를 저지르고 있다고 반박하였다. 이처럼 그는 당시 정계의 흐름을 예리하게 파악했을 뿐만 아니라 이를 좌시하지 않고 행동으로 지적하고 비판하였다.

정용기는 1892년 무렵 경주최씨 최재위崔在暐의 딸을 아내로 맞이하여 슬하에 호용琥鎔, 1893~1969, 노용路鎔, 1901~1975, 상용相鎔, 1904~1964, 태용泰鎔, 1907~? 등 4남 1녀를 두었다. 부인 최씨는 1950년 82세로 세상을 떠났다.

제 2 장

정용기 의병장의
항쟁

1. 친명을 받들고 의진을 일으키다

정환직이 고종의 밀지를 받들다

1905년 을사조약을 강제당한 대한제국 정부는 일제가 파견한 이토 통감에게 외교문제뿐만 아니라 국정의 모든 분야까지 간섭을 받았다. 정부 대신들은 업무를 보려 해도 고종의 결재보다 통감부의 눈치를 보는 것이 더 중요한 조건이 되었다. 이 때문에 대한제국은 말단 관리까지도 친일 인물이 아니면 내쫓기는 것은 말할 것도 없고, 궐내 출입마저도 어려웠다. 이러한 분위기 속에서 임금과 신하 사이까지도 통감부에 감시당하는 지경에 이르렀다.

1905년 12월 5일(양 12월 30일) 고종은 정환직을 불렀다. 그가 입궐하여 고종을 배알하니 임금이 탄식하며 말하기를,

"경이 화천의 물을 아는가? 이것이 짐이 바라는 바이다."라고 하였다. 다음은 정환직이 당시 밀지를 받던 정황이다.

　　을사늑약 이후로 상하민심이 비등하고 나랏일을 일본이 간섭하지 않는 것이 없음이라. 황제께서 탄식하며 이르시기를, 경은 화천지수和泉之水(和는 華의 오기로 보임－필자 주)를 아는가? '짐망朕望' 두 자로서 하사하시거늘, 이때 적들의 감시가 워낙 심하므로 말없이 눈물을 머금고 나왔다.　　　　　　　　　　　《산남창의지》(하), 1946, 6쪽)

　1905년 11월 을사늑약 이후 일제의 노골적인 침략 책동으로 위기의식이 고조되고 있을 때, 고종은 시종관 정환직을 불러 자신의 뜻을 밀지에 '짐망朕望'이라는 두 자字로 내렸다. 정환직은 이를 받들고, 통감부의 감시를 피해 눈물을 머금고 조용히 물러나왔던 것이다.

　화천지수華泉之水는 중국 춘추시대 때 제나라 경공頃公과 그의 호위장군 봉축보逢丑父에 얽힌 고사이다. 연합한 제후국의 집중공격을 받아 장졸들은 다 흩어지고 주군인 경공도 포로가 될 위기에 이르렀다. 이때 주군의 오른편에서 수레를 몰며 호위하던 장수 봉축보가 수레에 올라 자신과 주군의 옷을 바꾸어 입고, 주군에게 말을 몰게 하였다.

궁중에서의 밀지 배수
《산남창의지》 (하), 1946, 6쪽.

마침내 달려온 적장들에게 주군이 잡힐 위기의 순간에, 봉
축보가 말고삐를 잡은 경공을 돌아보며 목이 마르니 급히
가서 화천의 물을 떠 오라고 명하였다. 경공은 이 틈을 타서

포위망을 벗어날 수 있었고, 봉축보는 주군 대신 잡혀 죽임을 당하였다. 고종은 일본인과 친일 인물들의 극심한 감시 속에서 '화천지수'라는 고사를 인용해서 자신의 뜻을 전했던 것이다.

정환직이 맏아들 용기를 불러 상의하다

고종의 밀지를 받든 1905년 12월 5일(양 12월 30일) 바로 그날 정환직은 관직을 사퇴하고 서강에 있는 집으로 돌아와서 맏아들 용기를 불렀다. 그는 아버지의 부름을 받고 온 아들과 함께 나랏일에 대한 중차대한 대화를 나누었다. 그때 이들 부자 사이의 대화 내용을 간단한 극화 형식으로 소개하자면 이러하다.

아버지 (밀지를 내 보이며) 오늘 궁궐에서 임금께서 내려주신 막중한 책임을 받아 왔다. 나는 의병을 일으킬 것이니, 너는 이제부터 고향으로 내려가 집안일을 잘 돌보아라!

아들 (눈물을 흘리며) 대의는 나라를 구한 연후에 가사를 지키는 것이 도리이오니 이 모든 일은 소자가 맡겠사옵니다.

(아들이 물러나지 않고 사흘 동안이나 계속 간청하자)

아버지 (대의를 따르고자 하는 아들의 처지를 생각하고)
영남 지방은 원래 선비들이 많이 살아서 충성심
이 높은 곳이니, 네가 내려가 의병을 일으켜 북
상하면, 나도 준비를 하였다가 서울에서 함께 일
전一戰을 벌여 궁성을 보호하는 것이 좋겠구나!

아들 (한참 생각한 뒤) 영남 지방에는 원래 포수들이
많지요. 이들은 무기도 있고 다루는 데도 능숙
하니, 이들로써 의병부대를 편성하면 관청의 무
기고도 쉽게 장악할 수 있을 것입니다.

아버지 음… 그러려면 영남 지역의 관군은 말할 것도 없
고 일본군과도 싸워야 하는데, 이들을 소탕하고
북상하자면 기한이 너무 오래 걸리지 않겠느냐?

아들 위험을 피하고자 하면 큰일을 할 수 없겠지요.
싸움을 하더라도 기회를 봐서 하면 될 것이오니,
무기를 갖춘 의병이 1천 명만 되면, 산악지대를
점령해서 이를 근거로 북상하여 서울까지도 갈
수 있을 것이옵니다.

아버지 (한참 침묵한 뒤) 되고 안 되는 것은 나중에 봐야
알 것이고, 일단 너의 의견이 좋을 듯하구나. 먼
저 영남으로 내려가 의병을 모집하도록 하거라!

아들 예, 그렇게 하지요. (물러난다)

정환직이 고종의 밀지를 받고 사저로 물러나와 아들과

창의倡義를 의논하자, 아들이 대의를 밝히며 자신이 직접
나서겠다고 하였다. 정환직도 아들 용기의 뜻을 받아들이
면서 상의를 이어갔다. 이들 부자의 계획은 영남 지방에서
의병을 일으켜 강원도로 북상한 뒤 다시 서울로 들어가 일
본군을 몰아내고 황실을 지킨다는 것이었다. 정용기는 아버
지의 분부를 받들기로 하고, 1905년 12월 10일(양 1906년 1
월 4일) 영남으로 내려왔다.

서울에서 준비를 하다

아들 용기를 내려 보내고 정환직은 자식을 죽을 곳으로
보내는 아비의 안타까운 심정을 다음과 같이 표현하였다.

네가 장차 고향의 하늘로 돌아가니　　　汝將歸去故園天
먼 길이 걱정되어 밤에 잠을 못 자노라.　爲念長程夜不眠
내가 지금 두어 줄기 눈물을 부쳐 보내니　我今寄送雙行淚
돌아가 선산 가을 풀 주위에 뿌려 드려라.　歸洒先山秋草邊

정환직은 용기를 고향으로 내려보내고서 자신은 1905년
12월 30일(양 1906년 1월 24일)부터 영남 지방을 돌며 동지

들의 도움을 약속 받는 한편, 고향에 들려 옛 친구들과 같이 시국을 의논하였다. 또 경남 지방을 돌며 지역 실정을 살핀 뒤, 이한구와 정순기 등을 수행인으로 데리고 1906년 1월 서울로 돌아왔다.

정환직은 먼저 군자금 확보에 힘썼다. 그는 광무황제의 하사금 5만 냥을 내관 나시환羅時煥 편에 건네받았다. 또 퇴직 관리들이 모은 성금 2만 냥을 전 참찬 허위許蔿로부터 전해 받았다. 무기는 중국 상하이 방면을 왕래하는 중국인 왕심정王心正에게 서양식 총과 기타 군수품을 1906년 4월까지 확보해 달라고 부탁하였다.

정환직은 관직에서 물러난 동료들과 의병에 대해 의논하면서, 강원도 강릉 쪽에서 군사를 모아 대기하였다가 북상하는 정용기의 의진과 연합하여 서울을 공격하기로 계획을 세웠다. 4월 초 영남 지역에서 산남의진이 창의했다는 소식이 날아들었다. 의진의 규모는 1천여 명에 이르나, 무기가 절대적으로 부족하다는 소식을 의진에서 보낸 정대하丁大厦·이창송李蒼松 등이 가져왔다. 그럼에도 정환직은 서울에서 모집한 군사 1백여 명을 4월 중순에 강릉으로 보낸다는 계획을 세웠다.

정환직은 고종의 밀지를 받고 아들과 상의한 뒤, 의병을

일으켜 강릉으로 북상하고, 다시 서울을 공격하여 일본군
과 간신들을 몰아내고 '왕실을 지킨다'는 목표를 분명히 하
였다. 이처럼 고종의 밀명은 다른 그 어떤 명분보다도 창의
에 당위성을 부여했던 것이다.

친명을 품고 고향으로 내려와 통문을 돌리다

1905년 12월 5일(양 12월 30일) 고종의 밀지를 받든 정환
직이 아들 용기에게 '나는 의병을 일으킬 것이니 너는 고향
으로 내려가 뒷일을 잘 보존하라'고 분부하자, 정용기는 자
신이 의병을 일으키게 해 줄 것을 사흘 동안이나 간청하여
승낙을 받았다.

그는 아버지의 분부, 곧 '친명'을 받들고 12월 10일(양
1906년 1월 4일) 영남으로 내려왔다. 고향에 온 그는 먼저
피를 나눈 형제와 같은 이한구·정순기·손영각孫永珏 등을
만나 모든 것을 의논하고 계획하였다. 가장 큰 문제인 군사
를 모집하는 일은 쉽게 해결되었다. 정용기가 고향으로 돌
아와 의병을 모집한다는 소문이 퍼지자 각지에서 소규모
의병부대를 이끌고 있던 의병장들이 앞을 다투어 모여들었
기 때문이다. 고종의 밀지가 있었다는 것이 무엇보다 중요

한 배경이 되었을 것임은 말할 것도 없다. 정용기도 이러한 기회를 놓치지 않고 창의를 서둘렀다.

군사 모집에는 민심을 안정시키면서 민중의 협조를 끌어내는 것이 중요하였다. 이를 위해 먼저 〈통유문〉을 지어 각지로 배포하였는데, 그 내용을 요약하면 이러하다.

> 역적 놈들이 나라를 팔고 이웃 일본 놈들이 강제로 조약을 맺었다. 일본 놈들에게 당하는 모욕은 날이 갈수록 심해지고, 나라 형세가 벌써 기울어진 것이라. 반만년의 문명국이 장차 없어지고, 이천만 민족이 멸족당할 때가 눈앞에 닥쳤다. …저 열성조의 은덕을 생각하면 사족들이 마땅히 먼저 의기를 분발하여 사람마다 나서고 문중마다 협력하고 고을마다 단결하여, 밖으로는 오랑캐 놈들을 쫓아내고, 안으로는 나라를 보존해야 되는 것이다. …어느 고을이든지 존비귀천을 막론하고 일시에 단결하여, 수렁에 빠진 우리 이천만 동포 형제를 구해 내야 할 것이다.

이 〈통유문〉은 역적들이 나라를 팔고 일본이 조약을 강제로 맺어 나라와 민족이 멸망할 지경에 이르렀음을 알리고, 지금까지 열성조의 은혜를 가장 많이 누려 온 사족士族들이 먼저 분발해 줄 것과, 그 누구를 가리지 않고 사람마다 문중마다 고을마다 나서서 이 나라 이 민족을 구하는 데 동참해 줄 것을 호소하였다.

또 사림을 격려하는 내용의 〈격려문〉도 지어 배포하였다. 여기서 그는 당시 사대부들에게 "유교의 예법이 엄격한 이 땅에서 신하가 나라를 팔고, 임금이 욕보는 망극한 일이 일어나는데 누가 부끄럽지 않은가?" 하고, "사족들이 벼슬길에 나갈 때는 앞을 다투더니, 나라가 엎어지는 데는 아무도 나서지 않는 것"을 지적하고 공박하였다. 또 "임금을 속이고 벼슬을 도둑질하는 일에는 그렇게 사람이 많더니, 임금을 섬길 일과 강토를 보존하는 일, 백성을 구하는 일에는 어찌 이토록 아무도 없는가?"라고 비판하고, "진실로 사람의 마음이 있다면 있는 힘을 다하여 함께 일을 도모하자." 고 주문하였다.

1906년 무렵에는 전국 각지에서 의병과 함께 활빈당 등 무장한 농민들도 일어나며 세상이 매우 혼란하였다. 이에 통감부는 각 지방 진위대를 '토벌군'으로 동원하여 이를 진압하게 하고, 각 군수들은 초토관이 되어 '집포군'으로 각 지방을 지키도록 하였다. 이들 토벌군과 집포군의 활동으로 민생은 더욱 어려워졌을 뿐 아니라 의군과 토벌대의 옥석이 구분되지 않을 정도로 나라가 더욱 혼란해져 갔다.

이때 정용기는 나라를 위해 죽을힘을 다하는 의병들이 단순한 도적떼로 오인받아 토벌되는 것을 염려하여 곳곳의 초토관들에게 〈각지의 초토관에게 보낸다寄各地招討官〉는 글을 보내 경고하였다. 그는 "각하는 천하를 깨끗하게 할 뜻으로 포군을 설치하여 도적을 잡아 백성을 안정되게 한다고 하니, 백성의 부모된 정성이 있어 보인다.", 그렇지만 "각하가 받는 녹祿은 우리 임금께서 주신 은사이지 결코 역적들의 사사로운 재물이 아니며, 각하가 행세하는 초토관의 직책은 나라의 관직이지 역적들이 부리는 개인 급사가 아니다. 지금 나라를 판 오적들보다 더 큰 도적은 없을 것인데, 이런 도적은 보고도 못 본 체하고 다만 좀도둑을 잡는 것으로써 직책을 다하였다고 생각하는 것은 우리 백성들을 다 죽이는 것이 될 뿐이므로 각하를 위하여 애석히 여기는 바이다."라고 하였다. 여기서 '오적'이라 하는 것은 당연히 을사늑약에 찬성했던 학부 이완용, 내부 이지용, 외부 박제순, 군부 이근택, 농상공부 권중현 다섯 명을 말하는 것이다.

이처럼 정용기는 지방 수령인 초토관들이 공인으로서 오적과 같은 큰 도적은 제쳐 두고 좀도둑과 같은 작은 무리만을 치죄하는 것과, 관직과 녹봉은 임금이 내린 것임에도 임

금과 백성을 위해 힘쓰지 않고 사리사욕을 채우고 다니는
것, 도적을 잡아 백성을 편안케 한다고 하면서 개인 재산을
빼앗고 마을을 몰살하는 것이 과연 올바른 처사인지를 반
문하며 그들의 각성을 촉구하였다.

창의소를 마련하고 권세가를 지어 전하다

정용기는 정환직의 분부를 받들고 1905년 12월 10일(양
1906년 1월 4일) 고향인 경북 영천으로 왔다. 그는 이한구·
손영각·정순기 등과 함께 의논하여, 1906년 1월 즈음 '영천
창의소'를 설치하고 의병을 모집하는 한편, 각종 광고문을
작성해 배포하였다.
이 무렵 각지에 배포한 〈세상에 권하는 노래勸世歌〉는
그 가사가 한참 긴데, 그 가운데 몇 구절만 소개하면 다음
과 같다.

어느놈의소위런고 오적놈들주사로다
이놈이놈이지용아 이놈이놈이근택아
네집들은종실이요 내몸들은종친이라
나라집이망코보면 내집들은온전하며

주상께서욕을보면 네놈들은면할소냐
쥐만못한박제순과 개만못한권중현과
궁흉극악이완용과 염치없는민영기야
애잔하고가련하다 우리문명마다하고
만속에붙인네면목 부모유체아니런가
역성조에세록은택 욕보라도망극이라
만세무궁우리법도 네가어찌배반하며
충효상전우리백성 네가무삼원수건데
인도국의본을받고 파란국의모양으로
만이놈의독한손에 모두멸종하잔말가
황천이역노하시고 귀신이공분하여서
망국역신치죄하고 문명제국회복코저
충분있는사람으로 창의소를배설하니
어느사람모였든고 충신열사뿐이로다

(중략)

우리나라역적놈들 일본국에망명하여
일본놈의주구되고 대한의창귀된놈들
빠짐없이잡아들여 젓을담아말에싣고
팔도강산순회하여 만민의분심을풀고
우리민족의정의를 세계에자랑하리라
만세만세만만세야 우리대한독립만세
어화동포형제들아 의병으로가자스라
남아생세하였다가 충의사를모를소냐

이 〈권세가〉가 언제 만들어져 어떻게 전해졌는지는 알수가 없다. 다만 "충분 있는 사람으로 창의소를 배설하니어느 사람 모였든고 충신열사뿐이로다."라는 가사의 내용에서 배포된 시기가 '영천창의소'가 마련된 1906년 1월 이후였음을 알 수 있다.

가사 전체 내용을 보자면, 나라에 운이 없어 일본인들이들어와 문명과 종사가 무너지고 백성들이 그들의 어육이되고 있는 실정을 한탄하고, 그 원인이 을사오적의 사주 때문이라는 것을 골수에 사무치게 지탄하였다. 그리고 이에대한 대책으로는 충성심 있는 의사들이 의병을 일으켜 원수 오적과 일본으로 망명한 역적들을 잡아 처단할 것, 일본인들을 이 땅에서 몰아내어 만백성의 원한을 풀 것, 우리'대한 독립 만세'의 기치를 전 세계에 자랑하기 위해 모두함께 의병으로 나설 것 등을 호소하였다.

제1차 산남의진을 꾸리다

을사늑약 이후 국가존망의 위기가 닥치자, 경북 지방 여러 곳에서 소규모 의병부대들이 일어나 활동하고 있었다. 이들은 고종의 밀지를 받은 정환직·정용기 부자가 영천창

제1차 산남의진 부서(정용기 대장) 충효재 현판

의소를 세우고 군사를 모집한다는 소문을 듣자 곧장 달려
와 호응하였다. 정용기도 가장 가까운 동지 이한구·정순
기·이규필 등을 각지로 보내 여러 동지들을 불러 모았다.
무기는 산간 포수들의 엽총과 각 읍 무기고의 무기들로 충
당하였고, 군자금은 민가의 후원금과 뜻있는 부호들의 원
조를 받거나 청하·신녕·청송·자양 등 여러 지역에서 진공
進供받기도 하였다.

　1906년 봄 영남 전역에서 모인 장정이 1천여 명이나 되었
다. 이들은 먼저 정용기를 대장으로 추대하였다. 그는 처음
에는 대장직을 사양하였으나 결국 수락하였다. 대장에 오른
정용기는 부대를 편성하며 진호를 '산남의진'이라 정하였다.

산남이란 고려시대 이래로 영남을 가리키는 말이므로 '영남 지역의 의진'이라는 뜻이다. 이렇게 하여 1906년 2월(양 3월) 영천에서 산남의진이 결성되었다.

산남의진의 진영은 정환직을 총수總帥로 하고, 창의대장 아래 16개 부서로 편성하였다. 창의대장 정용기, 중군장 이한구, 참모장 손영각, 소모장 정순기, 도총장 이종곤李鍾崑, 선봉장 홍구섭洪龜燮, 후봉장 서종락徐鍾洛, 좌영장 이경구李景久, 우영장 김태언金太彦, 연습장 이규필, 도포장 백남신白南信, 좌익장 정치우鄭致宇, 우익장 정래의, 좌포장 이세기李世紀, 우포장 정완성鄭完成, 장영집사 최기보崔基輔, 군문집사 이두규李斗圭를 선임하였다. 문헌에 따라 산남의진의 16개 부서 가운데 장영집사 최기보 대신 장영수위 최록崔錄이 등장하는 경우도 있다. 각 부장은 군사 50~100명 정도를 이끌었으니, 16개 부서를 갖춘 산남의진의 전체 규모는 1천여 명을 넘었을 것이다.

의진의 규모가 1천여 명이나 되었다고 하는데도 그 이름이 제대로 밝혀진 사람은 겨우 2백~3백 명 정도에 지나지 않는다.

본부 부서의 부장으로 편성된 사람들은 의진의 결성에 크게 기여하였거나 이미 다른 지역에서 의병활동을 지휘한

제1차 산남의진 부서
《산남창의지》(하), 18쪽.

경험이 있는 인물들로, 대부분 양반 유생이었다. 이와 달리
영장營將들이 이끄는 병사층은 대부분 농민이었고, 그 밖에
이세기·최기보·정춘일 등이 군인·광부·노동자 등이었다.

　정용기가 지휘하는 산남의진은 시기적으로는 한말 '중기
의병'에 해당한다. 그러나 산남의진의 지도층은 여전히 유

생들이었으며, 병사층은 농민층이 대부분이고, 군인·포수·광부·노동자 등 다양하게 구성되었다. 이것은 산남의진이 유생의병장이 이끄는 유생의진으로, '전기의병'과 그 성격이 비슷하다는 뜻이다.

의진을 구성하는 장병들의 출신지는 경북 봉화·영양 지역에서 경남 밀양·울산 지역에 이르기까지 전 영남 지방을 망라할 정도로 광범위했다. 이 같은 의진의 편재遍在 때문에 지역을 20여 개로 나누고, 70여 명의 활동책임자를 각지로 파견하여 지대 단위로 활동하되, 본부진영의 명령을 따르도록 하였다. 각 지역에는 별도로 연락책임자를 두어 그 지역의 활동정보를 본부로 전하면서 그 지역 활동책임자를 돕도록 하였다. 활동책임자는 그곳 의병을 지휘하는 지역 부대의 책임자였던 셈이다.

1906년 3월 5일 북상길에 오르다

정용기 대장이 이끄는 산남의진은 1906년 3월 5일(양 3월 29일) 출진을 시작하였다. 이때는 이미 농사가 시작되었던 시기였다. 정용기는 농민들을 위로도 할 겸, 농사 피해를 최소한으로 줄이기 위해 농민들에게 〈농민을 위로하다

慰民安堵〉라는 글을 보내 격려하였다. 그는 "이렇게 농번기에 군사를 일으키는 것이 농사에 방해가 될 줄은 알지만, 작은 걱정 때문에 큰일을 어길 수는 없는 것"이라고 전제하고, "농사는 백성을 살리는 명맥이오, 군사는 나라를 지키는 근본"이라는 대의를 내세워 "나라를 돕고 백성을 편안하게 하기 위해 부득이 의병을 일으켰으니, 농사는 농사대로 군사는 군사대로 모두 힘을 다하자."고 호소하였다.

관동으로 가서 서울로 진격한다는 목표를 이루려면 북상을 서둘러야 했다. 정용기는 각 지대에게 강원도로 집결하도록 지시하는 한편, 본진도 영천에서 청송 방면으로 진군을 시작하였다. 정환직도 의진의 총수로서 4월 중순까지는 의병 1백여 명을 강릉으로 보내 북상하는 정용기 부대와 연합하여 서울로 진격한다는 계획을 준비하고 있었다. 이것은 1908년 1월 전국적인 의병연합부대가 전개한 '서울진공작전'보다 훨씬 앞섰던 또 다른 '서울진공작전'이다.

각 지역 진대장들을 꾸짖다

정용기 대장이 지휘하는 본진은 1906년 3월 5일(양 3월 29일) 영천을 출발한 뒤 흥해·청하 방면으로 방향을 잡았다. 동해 연안으로 북상하고자 했음을 말해 준다. 의진의 목표가 '관동으로 북상'하는 것이므로 그 통로를 해안으로 잡는 것이 수월했기 때문이다.

아울러 정용기 대장은 〈각 진의 대장에게 부친다寄各陣隊長〉라는 글을 지어 각 지역 진대장陣隊長들에게 보냈다. 그는 "을사늑약으로 오적들이 나라를 팔아먹었는데도 조정에서 아무런 조치를 취하지 않고 있다."고 매섭게 꾸짖었고, 안동진위대가 영해의진을 공격한 것에 대해서는 "각 진위대는 우리 백성을 영원히 일본의 노예로 삼을 것인가?"라고 하면서 진위대의 의병 탄압 행위를 거세게 비판하였다. 또 아무리 우리 백성들이 부족할지라도 "원수 놈들과는 결코 한 하늘 아래 같이 살 수 없다."는 것을 강조하면서, 우리 의병은 "백성을 구하고 나라를 붙들기 위해 의롭게 일어난 군사"임을 역설하며 그들을 꾸짖었다. 안동진위대가 영해의진을 공격한 것이 1906년 4월 13일(양 5월 6일) 영해의진의 청송 이전평梨田坪전투임을 고려하면, 이 글이 작성된 시기는 1906년 4월 무렵으로 짐작된다.

신돌석 의진의 요청을 받고 영해 방면으로 진군하다

의진이 출진한 지 한 달이 조금 지났을 무렵, 신돌석 의진이 "청송에서 안동진위대와 일본군 수비대의 공격을 받아 패하였으니, 적군을 흥해·청하 방면으로 유인해 주면 다시 영해 방면으로 나아가 적군을 협공할 수 있을 것"이라며 지원을 요청해 왔다. 이때가 영해의진의 청송 '이전평전투'가 있었던 바로 그 무렵이므로 4월 중순경으로 추측된다.

신돌석 의진은 산남의진이 출진한 지 일주일 뒤인 3월 13일(양 4월 6일) 영덕 축산에서 결성되었다. 진호를 '영릉의진(영해의진)'이라 하였고, 초기 규모는 1백여 명 정도였다. 신돌석 의진은 일본이 침략의 전진기지로 삼고 있는 삼척 장호동기지를 먼저 공격하였다. 그러나 원주진위대의 출동으로 크게 실패하고, 험준한 준령을 넘어 4월 4일(양 4월 27일) 청송 진보로 물러났다. 신돌석은 청송읍을 공격하고 다시 의성을 공격하기 위해 청송 부동면 이전평으로 물러나 머무르고 있었다. 그런데 갑자기 안동에서 급파된 안동진위대가 공격해 와, 이 전투에서 크게 패하였다. 이때가 4월 13일(양 5월 6일)이었다. 신돌석이 종사 신태종申泰宗을 보내 산남의진에 도움을 요청하였던 것이 이 무렵이다.

영해는 강릉으로 나아가는 길목인 만큼 북상길을 트는 데 중요한 곳이었다. 또 정용기의 육촌 동생 정순기와 신돌석은 교의交誼가 두터워 서로 가깝게 지내며 연락하던 사이로, 산남의진을 일으킬 때 정순기를 신돌석 의진으로 보내 '서로 긴밀하게 연락하며 협조할 것을 약속'하였던 관계였다. 하물며 의진이 어려움을 당하여 지원을 요청해 왔으므로 주저할 이유가 없었다. 정용기 대장은 본진 군사 수백 명을 이끌고 영해로 가기 위해 청하 방면으로 진군하였다.

2. 대구경무서에 구금되다

경주진위대장 참령 신석호의 간계에 속다

정용기가 지휘하는 본영이 청하읍 공격을 목표로 진군하던 가운데 1906년 4월 28일(양 5월 21일) 경주군 신광면 우각동, 지금의 포항시 북구 신광면 우각리를 지날 때였다. 갑자기 숲속에서 한 무리의 병사들이 나타나더니, 자신들은 경주진위대의 병사로서 대장 참령 신석호申奭鎬의 명을 받고 왔다며 인사하였다. 정용기가 본진 군사들을 진정시키고 만나 보니, 이늘은 진위대장의 편지 한 통을 꺼내 놓았다. 편지의 내용은 이러하였다.

귀서(정용기가 이전에 보냈던 〈각 진의 대장에게 부친다〉로 추정됨-필자 주)를 살펴보고 의기를 감탄하는 바이지만, 근래에 상부로부터 명령이 있기를 일본이 우의를 존중하여 우리나라 내란을 평정코자 생명과 재산을 희생하며 군사를 출동시켜 도와주는 것은 감사할 일이다. 그런데 아직 국내 곳곳에서 민요가 더욱 심하니 지금부터 그에 부동하는 자를 일일이 잡아 포살하라는 훈령이 있었다. 또 소문을 들으니 어느 대관이 서울에서 붙잡혔다 하니, 존공의 대인이 아닌가. 이 일을 해결하기 위해 좋은 기회가 있으므로 공을 먼저 만나기를 바란다.

《산남의진유사》, 1970, 256~257쪽)

경주진위대장 참령 신석호가 '존공의 대인이 서울에서 잡혔으니 이를 해결하는 데 좋은 기회가 있으니 만나자'는 것이었다. 여기서 '존공의 대인'이란 바로 정용기의 아버지 산남의진 총수 정환직을 말하는 것이다. 편지를 보자 정 대장은 장령들에게 '자신이 경주로 가야겠으니 중군장은 의병을 거느리고 기다려 달라'고 하고 곧 출발 채비를 하였다.

당시 일본군은 우리 정부에 대한 감시를 대폭 강화하였고, 퇴직 관료든 누구든 그들에게 반항하는 기색만 보이면 여지없이 몰아냈다. 그렇기 때문에 정용기는 혹시 아버지께서 큰 화를 당하시는 것은 아닌지 여간 걱정이 아닐 수가 없었다. 그래서 진위대장을 조용히 만나 보려 했던 것이다.

하지만 이것이 경주진위대장이 노린 덫이었다는 것을 그는 눈치채지 못하였다.

진위대는 대한제국 수립 당시 설치된 지방군대였다. 당시 전국에 8개 진위대를 두었는데, 영남 지방에는 대구진위대(4개 중대 약 540명) 1개가 설치되었다. 대구진위대는 대구에 본부를 두고, 경주·안동·문경·울산·진남·진주 등지에 분견소를 두었다. 경주진위대는 대구진위대 경주분견소였다. 분견대장은 계급이 지금의 위관급尉官級에 해당하는 참령參領이었고, 거느린 병력은 20~1백 명 정도였다.

경주로 갔다가 잡혀 대구경무서에 수감되다

정용기 대장이 주위를 둘러보며 곧장 경주로 가겠다고 하였을 때, 중군장 이한구가 동행하겠다고 하였다. 정용기는 "개인적으로는 아버지의 어려움을 구해야 되나, 국가적으로는 의병을 해산할 수 없으니 뒷일을 그대에게 맡기노라." 하고 홀로 경주로 떠났다. 이때 정순기가 몰래 수행하여 대장이 경주까지 무사히 도착하는 것을 보고 의진으로 돌아왔다고 한다.

경주에 도착하자 경주진위대장 참령 신석호가 비장한 말

로 위로하며, "나라 형편은 천운을 기다릴 따름인데 어찌 이렇게 위험한 행동으로 등불을 끄는 나비가 되기를 자처합니까? 나는 충성스런 의사들이 공연하게 죽으면 큰일에 효력이 없을까 하여 이 자리에서 공의 이해를 얻고자 합니다." 하였다. 정용기는 그때서야 속았다는 사실을 알고 분노하였다.

그는 참령 신석호를 똑바로 쳐다보며, "나라가 무너질 지경에서 이천만 동포가 모두 밧줄에 묶인 꼴이고 임금은 유폐되어 있는 상황이다. 나는 의병을 일으켜 4천 년 동안 나라를 돌보신 선열들의 충의로운 정신에 보답하고, 일본군의 야심을 천하만국에 알리려 한다." 하고 크게 꾸짖었다. 신참령은 정 대장의 의기에 눌린 나머지 그냥 그를 대구로 보냈다. 정용기는 경주진위대에서 대구진위대 본부로 이송되었다가 경상북도 경무서에 구금되었던 것 같다. 1895년 4월 설치되었던 대구경무서는 1905년 8월 '경상북도 경무서'로 바뀌어 유지되면서 우리 애국지사들을 구속하고 탄압하는 기구가 되었다. 정 대장은 경상북도 경무서에 구금되었다가 대구감옥에 수감되었다. 그는 옥중에서 전직 군수 박옥계朴玉溪·이경제李敬齊, 전직 의관 김양산金浪山 등과 뜻을 같이하면서 시국을 의논하기도 하였다. 당시 옥중에서 보인

그의 강개한 기상과 위풍에 간수들과 순검들도 모두 감탄하였다고 한다.

중군장 이한구가 부서를 개편하다

이한구는 대장이 잡혀가자 후속 조치로 정용기의 종숙 정치훈鄭致勳을 서울로 보내 정환직에게 급히 알리고, 또 한편으로는 신돌석에게 사람을 보내 두 의진이 연합하여 경주관아를 공격하여 복수할 계획을 약속하였다. 이어서 그는 의진 부서도 소모장 정래의, 선봉장 서종락, 좌익장 홍구섭, 우익장 남석인, 후봉장 이경구, 도포장 백남신, 우포장 최기보, 좌포장 박경화朴敬和, 도총장 김원서金元瑞, 군문집사 조경옥趙景玉, 장영집사 이두규 등으로 개편하였다.

중군장 이한구는 재편한 본진을 지휘하여 영덕 주산, 청송 진보 등 여러 곳을 돌면서 각 지역 부대와 연락하는 한편, 경주 공격을 위해 신돌석 의진과도 계속 연락하였다. 그러나 신돌석 의진이 일본군에게 패하면서 길이 막히자, 이한구도 잘못하면 경주를 공격하는 일로 정용기 대장의 일을 그르칠 수도 있겠다고 판단하여 이를 중단하고 기다리기로 하였다.

청송 진보에서 의진을 해산하다

정용기 대장의 위임을 받은 중군장 이한구가 의진을 이끌었지만 의진은 점점 구심점을 잃어 갔다. 그도 그럴 것이, 병사들의 상당수는 떠나 버렸고, 남은 군사들도 사기가 크게 떨어져 있었기 때문이다. 이런 가운데 윤4월 10일(양 6월 1일) 밤 본진은 영덕군 강구읍으로 쳐들어갔다. 일본군 몇 명은 사살하였으나 나머지는 바다로 도주하였다. 본진은 강구읍 공격에서 사기를 올리고 군사를 돌려 청하군 상옥上沃으로 나와 매복하였으나 일본군이 청하읍으로 내려 갔다고 하므로 다시 영덕 방향으로 길을 돌렸다.

정용기 대장과 연락하기 위해 대구를 드나들던 정순기도 흥해·청송·영덕 지역을 돌며 군사와 물자를 모집하였다. 그는 모집한 의병 30명을 이끌고 1906년 윤4월 12일(양 6월 3일) 출진하여, 이튿날 영덕 달산 덕산리에 있는 청련사青蓮寺로 들어갔다. 그곳에는 이미 중군장 이한구가 의병 30여 명을 이끌고 들어와 있었다. 이들은 지금까지 모집된 군사들로 새로이 진영을 편성하였다. 이때 중군장 이한구, 우익장 정사홍鄭士弘(본명 정순기), 소모장 정천여鄭千汝, 좌익장 남석문, 포대장 남우팔南又八(본명 남석인) 등으로 재편

되었다. 진영 부서는 자료에 따라 이름이나 부서명에 차이가 있는 경우가 있다. 진영의 부서가 정해졌다 하더라도 상황에 따라 그때그때 실정에 맞게 부서를 개편했기 때문이라고 풀이된다.

당시 이한구와 정순기가 이끄는 본진 병사들은 80여 명에 지나지 않았다. 대장이 공석인 의진은 이처럼 나약한 모습이었다. 1906년 윤4월 21일(양 6월 12일) 그들은 청하군 죽장으로 가다가 영덕 적암지赤巖地에서 경주진위대 관군 30명과 마주쳤다. 이날 격전으로 의병들은 사방으로 흩어졌고, 포대장 남우팔의 경우는 청하 죽장면 옥동玉洞에서 자신의 의병들을 해산시키기도 하였다. '적암지'는 영덕군 남정면 사암동 '적암赤岩'으로 추정된다.

같은 해 5월 2일(양 6월 23일) 정순기가 대구 달성에서 '대장의 문제는 곧 해결될 것 같다'는 연락을 가지고 돌아왔다. 손영각과 이형표가 중상을 입고 귀가한 상황에서 정용기 대장이 곧 돌아올 것에 대비하여, 이한구는 정순기를 선봉장, 정래의를 참모장으로 임명하고, 책임을 다하지 못한 김건칠金建七을 죄로 다스렸다.

이한구는 그해 5월 4일(양 6월 25일) 본진을 이끌고 청하로 이동하기 위해 흥해군 남면 덕성을 지나다가 일본군 수비대 1백여 명의 기습을 받았지만 격전 끝에 물리쳤다. 이한구가 이끄는 본진은 이 뒤에도 강구·청하 등지에서 여러 차례 일본군 수비대와 전투를 치렀다. 성과도 있었지만 희생이 너무 컸다.

이 무렵 청송군에서는 증강된 일본군 수비대가 의병 토벌을 강화하였으며, 관리들도 의병을 비난하며 백성들이 의병을 지원하지 못하도록 막았다. 이때 정환직은 의진의 총수로서 본진에 명하기를 "청송부사(청송군수를 뜻함—필자 주)부터 먼저 처단하라."고 주문하였다. 또 옥중의 정용기도 비밀리에 "각지의 의병들을 토벌하기 위해 대구 주둔 일본군 수비대가 지방으로 파견되었으므로, 이 기회를 틈타 대구를 공격하면 큰 성과를 낼 수 있을 것"이라고 하였다고 한다.

그러나 청송 지역 관리들의 회유로 민심이 크게 돌변하고, 일본군 수비대는 점점 더 강화되면서 의병들의 희생은 늘어만 갔다. 결국 이한구는 청송군 진보에서 의진을 해산하기에 이르렀다. 《산남창의지》((상), 1946, 20쪽)에서는 이한구가 의진을 해산하는 당시 상황을 이렇게 적고 있다. "우리가 의병을 일으킨 것은 이 나라와 이 민족을 구하는 것을 근본으로 하였는데, 저 국록을 먹는 자들이 이를 반대로 선전하여 백성들이 옳고 그름을 구별하지 못하도록 한다. 우리는 민중들의 각성을 기다렸다가 뒷날 다시 일어나는 것이 옳을 것 같다." 하고 의진을 해산하였다고 한다.

결국 이한구와 병사들은 지금 싸우다 죽으면 아무런 의미 없는 헛된 죽음이 될 뿐이고, 또 잡혀 있는 정 대장의 신변에도 좋을 리가 없으므로, 쉬었다가 대장이 돌아오면 다시 일어나 싸우고자 하였던 것이다. 이때가 산남의진이 일어난 지 약 5개월 만인 1906년 7월 말경이었다. 정용기가 풀려난 8월 3일(양 9월 20일)보다 수일 전이었다. 이때 해산하지 않은 지역 부대들은 소규모 부대로 각지에서 계속 활동하다 이듬해 정용기 대장이 재기할 때 합류하게 되었다.

대구감옥에서 풀려나다

정용기가 붙잡혀 구속되었다는 소식은 누구보다도 아버지 정환직에게 하늘이 무너지는 충격이었다. 그것은 아들도 아들이지만, 의진 총수로서 서울에서 광부로 변장시킨 군사 1백여 명을 강릉으로 보내 북상하는 산남의진과 연합하여 서울로 들이치겠다는 당초 작전 계획에 차질이 생길 것을 염려했기 때문이다. 그는 백방으로 아들을 석방시키려 노력하였다. 다행히 고종이 '조선의 의사를 해치지 말라'는 어명을 내려 정용기는 1906년 8월 3일(양 9월 20일) 대구감옥에서 풀려날 수 있었다. 잡힌 지 약 4개월 만이었다.

정용기는 아버지의 주선으로 풀려나 영천으로 돌아왔다. 옥살이의 후유증으로 몇 달 동안은 병석에서 몸을 추슬러야 했다. 그러는 동안에도 방문을 받거나 사람을 보내, 이한구를 비롯한 여러 사람들과 앞으로의 일을 걱정하였다. 한편, 아들의 석방 문제를 해결한 정환직은 고향으로 내려와 그동안 의진에 참여했던 주요 인사들을 불러, 서울의 준비 상황과 나라의 정세에 대해 자세히 설명하였다. 그는 의진 총수로서 어떻게든 의병을 다시 일으켜 1907년 5월까지는 강릉으로 북상하도록 지시하고 서울로 돌아갔다.

각종 선전문으로 협조를 요청하다

정용기는 옥중에서 풀려나긴 했으나 그동안의 고초로 자리에 눕게 되었다. 1906년 겨울이 지나고 이듬해 봄부터 재기를 위해 서서히 움직이기 시작했다. 먼저 관공리들과 사대부들을 질타하는 〈경고문〉을 각지에 보냈다. 그는 먼저 "역적들이 나라를 팔아먹어 나라가 없어지고 온 백성이 노예가 될 처지인데, 지금까지 열성조의 은혜를 입고 살아온 사대부들이 먼저 일어나야 하는 것이 아닌가? 어찌 안락만 취하고 있는가?" 하고는, "나라와 임금이 위태로운데도 불충한 행동을 할 뿐 아니라 의병을 탄압하고 모함하니 나라가 멸망해야 마음이 편하겠는가?"라고 하여 그들을 꾸짖었다. 마지막 부분에서 그는 "어느 고을을 막론하고 사람마다 분발하고, 문중마다 의논하고, 마을마다 단결하여 옛 법을 회복하고, 이천만 백성을 구하고, 우리 문명을 온 세계에 다시 떨치도록 해야 할 것"이라 하여, 모두가 단결하여 평상을 회복할 것을 권고하였다.

이어서 〈청조문請助文〉도 지어 배포하였다. 여기서는 먼저 "우리나라가 건국 이래 훌륭한 군주들의 덕치로 문물이 융성하고 백성들이 평안했는데, 근래에 간사한 무리들과 오랑캐의 침입으로 나라 형세가 기울어지고 백성이 멸망될 위기에 이르렀다."고 하였고, 또 "임금의 권세가 날로 그릇되어 가는 것을 참을 수 없으며, 나라 형세가 흙이 무너지듯 되는 것을 슬퍼한다. 하늘이여! 어찌 참을 것인가?"라고 하여 의병항쟁의 정당성을 말하였다. 그리고 마지막으로는 우리 이천만 동포에게 "나라와 백성을 구하고자 의병을 일으켰으니 협조해 줄 것"을 요청하였다.

1907년 봄에는 임금께 상소를 올려 의병을 다시 일으키게 되었음을 아뢰었는데, 그 내용은 아래와 같다.

　　황제 폐하께 올립니다. 소신 정용기는 신의 어버이 정환직이 나라의 명을 받은 이후로, 죽음으로써 성은에 보답하고자 의병을 모집하여 싸우면서 북상길에 나섰습니다. 그러나 저 지각 없는 경주진위대가 '신의 어버이가 잡혀 갇혔다'고 거짓말로 신을 속였습니다. 신이 속아 잡혀서 5개월 동안 울분을 참으면서도 자결하지 못한 것은 천하후세에 죽을 만한 명분이 있을 때 죽는다는 것을 알리고자 함입니다. 오직 폐하께서 특별히 사랑하시어 남은 목숨을 다시 붙여 주셨으니 어찌 감히 성은의 두터우심을 잊겠습니까? 비록 세상일에 상관하지 않고자 하여도, 당장 정치가 잘못되고 백성이 위태로운 처지로 빠져들고 있어 울분을 참지 못하고 다시 동지들을 모아 결사를 맺었습니다. 이것은 폐하의 유명遺命이오, 책임은 신의 어버이가 위촉받은 것인즉, 소신이 어찌 감히 한 가닥의 목숨을 아껴서 대명을 그르치겠습니까? 살펴보면, 우리 형세가 이렇게 된 것은 저 조정의 신하들이 역적과 적국을 도와서 군사로써 탄압하고 원수들을 도와 법으로써 구속하였기 때문이니, 의지 없고 힘없는 우리 의병이 누구를 믿고 신원하겠습니까? 비록 그렇다 하더라도, 이에 구애되어 대의를 따르지 않는다면 어찌 민족 정기가 있다고 하겠습니까? 신 등이 만사를 무릅쓰고 다시 일어났으니, 폐하께서 굽어살펴 주시옵소서!

정용기는 이 상소에서 아버지 정환직이 폐하의 밀지를 받들고 의병을 일으켰다는 것, 자신은 경주진위대의 간계에 속아 붙잡혔다가 5개월 만에 나와 다시 의병을 일으켰다는 것, 지금 나라가 이 지경이 된 것은 조정의 간사한 신하들이 적국을 돕기 때문이란 것, 의병을 대의와 민족 정기를 위해서라도 일으키지 않을 수 없다는 것 등을 자세하게 아뢰었다. 그러나 이 상소가 고종에게 상달되었는지는 분명하지 않다.

3. 영천군 국채보상운동을 이끌다

영천 지역 국채보상단연회 회장에 추대되다

정용기는 1906년 4월 28일(양 5월 21일) 경주진위대에게
잡힌 뒤 대구감옥에서 약 4개월 동안 옥고를 치르고, 아버
지 정환직의 주선으로 그해 8월 3일(양 9월 20일) 풀려났
다. 그러나 그동안의 고초와 시달림으로 당장 의병을 일으
키기에는 건강이 허락하지 않았다.

그가 몸을 추스르던 중 1906년 12월 16일(양 1907년 1월
29일) 대구에서 대구광문사 사장 김광제金光濟, 부사장 서
상돈徐相敦, 대구광문회 회장 박해령朴海齡 등이 중심이 되
어 〈국채일천삼백만원보상취지〉라는 글을 만들어 배포하면
서 '국채보상운동'을 일으켰다. 이 운동은 일제가 우리나라

를 그들의 식민지로 만들어 가는 과정에서 생긴 외채 1,300만 원을 정부가 갚을 형편이 못 되기 때문에 국민이 성금으로 이를 갚고자 한, 일종의 경제적 자주를 되찾기 위한 민족운동이었다. 이 운동은 반응이 좋아 순식간에 전국으로 퍼져 나갔고, 서울은 물론 전국 각지에서 이 운동을 추진하기 위한 각종 단체가 생겼다. 경북 지역에서도 대구는 말할 것도 없고, 고령·성주·김천·상주·청도·안동 등 여러 곳에서 단체들이 조직되어 이 운동에 적극 참여하였다.

영천 지역에서는 '영천군 국채보상단연회'가 조직되었는데, 이때 정용기가 회장에 추대되었다. 그는 먼저 〈영천군 국채보상단연회 통문〉을 발표하면서 영천 지역 국채보상운동을 이끌었다. 통문 내용은 아래와 같다.

무릇 나라는 백성을 근본으로 하고, 백성은 나라를 근본으로 한다. 백성이 아니면 나라는 있을 수 없고, 나라가 없으면 백성도 자존할 수가 없다. …일본 차관이 1,300만 원이나 되므로 오백 년 종사가 장차 어떻게 될지 알 수 없다. 다행히 대구광문사에서 김광제, 서상돈 두 사람이 국채보상의 방안을 강구하여 단연동맹을 창설하니, 그 뜻은 이천만 동포가 석 달 동안 담배를 끊어 그 대금으로 매달 각자의 이름으로 20전씩을 내면, 석

달 만에 1,300만 원 가량이 될 것이라 하여 국채보상 방침으로 이 뜻을 국내에 널리 알리니 …우리 교남은 본래 추로지향으로서 사대부의 집들이 많고 사람마다 예를 익혔는데, 어찌하여 개명발달이 시작되는 이때 긴 밤 높은 베개에서 잠을 깨지 못하고, 무지하게 국가의 위기와 민생 보존에 좋은 생각을 하지 못하는가? 이것이 참으로 탄식할 일이로다. …아! 동포여, 나라가 망하면 내 몸도 따라서 망하고, 나라가 흥하면 내 몸이 죽어도 또한 영광이다. 이 빚을 갚으면 나라는 일본 노예의 나라를 면하고, 백성은 일본 노예의 백성을 면할 것이다. 이 빚을 못 갚아서 나라가 일본에 속국이 되면, 억만 재산이 있은들 오랑캐의 노예가 무슨 영광이 있으리오. …바라건대 신민 된 여러분은 누구든지 나라를 위해 서로서로 전하여 어느 한 사람도 못 듣고 몰랐다는 한탄이 없도록 하여, 집집마다 비록 10전, 5전이라도 모두 의연하여 국채를 갚고 개명발달에 점진하여 자주 독립하기를 천만 부탁하노라.

요약하자면, 우리 2천만 동포가 담배를 끊고 한 달에 20전씩 석 달만 모아 의연義捐하면 일본에 진 외채 1,300만 원을 갚을 수 있다는 것, 영천 지역에서도 서로서로 전하고 전하여 한 사람도 빠지지 않도록 해야 할 것, 일본에 이 빚을 갚지 못하면 나라는 망하고 백성은 노예가 될 것, 나라가 없으면 몸 또한 망하고 나라가 흥하면 몸은 죽어도 영광

〈국채일천삼백만원보상취지〉
《대한매일신보》〈잡보〉 1907년 2월 21일자.

일 것 등이다.

　당시 국채보상운동을 위해 배포된 〈통문〉은 전국적으로
그 내용이 거의 비슷 비슷했다. 대구에서 처음 발표되었던
〈국채일천삼백만원보상취지〉의 내용을 모델로 하고 있었기
때문이다. 〈영천군 국채보상단연회 통문〉도 크게 다르지 않
다. 또한 영천도 그러했지만 국채보상운동에 앞장섰던 인

사들은 전·현직 관료 출신을 비롯하여 지방 유림 또는 부유한 상공인 출신들이 많았다. 반면 참여층으로는 사림·농민·상인·광부·노동자·종교인·기생·걸인·어린아이 등 거의 모든 계층이 참여하고 있었다.

〈국채보상단연회의연금권고가〉를 지어 참여를 촉구하다

또 정용기는 〈국채보상단연회의연금권고가國債報償斷烟會義捐金勸告歌〉를 발표하여 영천군민들의 국채보상운동 참여를 독려하였다. 《산남의진유사》에 따른 〈권고가〉의 가사는 몹시 길다. 그 골자만 보면, 먼저 "매국한 역적놈들 원망해도 쓸 곳 없고, 사이지차하였으니(일이 이 지경에 이르렀으니—필자 주) 갚는 것이 상책이라" 하고, 또 "어화 우리 동포님네 의연하소 의연하소! 이전 세월 믿지 말고 지금 형편 돌아보소! 먹기 위해 농사하니 일본 사람 담살이(머슴살이)요, 호강 위해 벼슬하니 일본사람 하인이요"라고 하여, 모두 함께 의연하여 일본의 종살이는 면해야 된다는 것과, 또 "힘을 쓰고 힘을 써서 의연하소 의연하소! 백 원 천 원 많은 돈은 형세대로 하려니와 집집마다 돕더라도 석 냥이야 못 할런가"라고 하여, 집집마다 형편 되는 대로 의연을 할

것을 권고하였다. 끝으로는 "우리 국채 갚은 후에 자주독립
탑을 모아 대황제 전좌하시고 민계정(민영환-필자 주)의 혈
죽 끝에 대한국기 높이 달고 이천만 동포 모아서 만세태평
송축하세!"로 가락을 맺었다.

〈권고가〉는 결국 '나라가 이 지경에 이르렀으니 이제 모
든 것 그만두더라도 국채만은 빨리 갚아 자주 독립을 이루
자'는 것이었다. 이 〈권고가〉가 당시 얼마나 널리 배포되었
을까 하는 것은 의문으로 남아 있다.

국채보상단연회 회장직을 넘겨주고 서울로 떠나다

영천의 국채보상운동은 영천군 국채보상단연회가 〈영천
군 국채보상단연회 통문〉과 〈국채보상단연회의연금권고
가〉 등을 발표하면서 본격적으로 시작되었다. 영천군 국채
보상단연회 초대 회장으로서 정용기는, 국채로 말미암아
나라를 빼앗기고 백성이 남의 나라 노예가 되는 것에 반대
하여 이곳 국채보상운동에 주도적으로 참여했던 것으로 보
인다. 그러나 무슨 일인지는 모르지만 급히 상경할 일이 생
겨, 영천군 국채보상단연회 회장직을 명암明庵 이태일李泰
一, 1860~1944에게 넘겨주고 떠났다. 이태일은 영천시 자양

면 용산리 원각元覺마을 출신으로, 일제와 결코 타협하지 않은 올곧은 선비이자 문인으로 알려지고 있다.

영천 지역의 국채보상운동의 전개 상황을 가늠해 볼 수 있는 자료로는 《대한매일신보》에 수록된 1907년 9월 27일부터 12월 23일까지 〈국채보상지원금총합소광고〉가 주요하다. 여기에는 영천군의 각 면·고을의 의연금 납부자와 납부 금액이 자세하게 실려 있다. 이 자료로 볼 때, 영천 지역 국채보상운동은 시기적으로는 좀 늦게 시작되었으나, 상당히 활발했던 것으로 나타난다.

한말의 국채보상운동 위상에서 영천 지역이 차지하는 비중을 조금이라도 인정한다면, 거기에는 영천군 국채보상단연회 초대 회장으로서 통문을 발표하고 〈권고가〉를 지어 이 운동의 첫 단추를 꿰었던 정용기의 몫도 일부 있을 것이다. 그러나 국채보상운동이 결과적으로는 좋은 열매를 거두지 못했다는 것도 유념할 필요가 있을 것 같다.

영천 지역 국채보상운동을 이끌었던 정용기는 1907년 4월 다시 산남의진을 일으키고 의진을 지휘하였다. 의병을 잠시 쉬는 동안 국채보상운동에 참여하였던 것이다. 의병장 출신이 국채보상운동에 참여한 경우는 그리 흔하지 않은 사례여서 관심이 끌리는 대목이다.

4. 의진을 다시 일으키다

군사와 무기 및 탄약을 모집하다

1906년 8월 3일(양 9월 20일) 정용기는 대구감옥에서 풀려난 뒤 쇠약해진 몸을 어느 정도 회복하면서 이듬해 국채보상운동에 참여했다가 곧 그만두었다. 그는 봄이 되자 의진을 다시 일으키기 위해 각종 선전문을 지어 돌리고 상소를 올리는 등 준비를 시작하였다. 먼저 각 지역에서 활동하고 있는 옛 부장들을 만나 의견을 나누어, 지난번과 거의 같은 모습의 의진을 다시 결성하기로 가닥을 잡았다. 1907년 4월 초순부터 본격적으로 의병을 모집하기 시작하였다. 하지만 이 무렵에는 일본군과 관군의 탄압도 더욱 심해졌기 때문에 군사 모집과 물자 조달 등이 그리 쉽지는 않았다.

그렇지만 의진 재기의 준비는 순조롭게 진행되었다. 정순기와 이종곤을 청송으로, 이규필을 흥해와 청하로, 홍구섭을 경주로 보내 군사를 모았다. 청송 지역에서는 할당된 군수품이 들어왔다. 또 안동 지역에서 김석정金石井, 동해지구에서 임중호林中虎, 의성 지역에서 박태종朴泰宗, 신녕 지역에서 권규섭權奎燮 등이 자신의 부대를 이끌고 들어왔다. 이들은 지난해부터 쉬지 않고 활동을 계속해 오던 부대들이었다.

또 부산을 왕래하던 김현극金賢極과 대구를 왕래하던 류화실柳花實이 화약을 구해 왔다. 서울에 파견되었던 이창송도 돌아왔다. 그뿐 아니라 울산진위대 출신 김성일金聖一을 비롯하여, 조선유趙善裕·김치현金致鉉·은순택殷淳澤·권만식·고찬·김경문 등 군인 출신 인사들도 여러 명이 들어왔다. 이렇게 모인 군사들로 제2차 산남의진을 결성하였다.

의진을 결성하고 군령을 엄중히 하다

정용기는 군사를 모집하고 물자를 확보하는 일을 어느 정도 끝낸 뒤, 1907년 4월 중순에 장정들의 추대로 대장에 취임하고 의진 부서를 정했다. 정환직이 총괄 지휘하는 총

수 아래 대장 정용기, 중군장 이한구, 참모장 손영각, 소모
장 정순기, 도총장 박태종, 선봉장 홍구섭, 후봉장 이세기,
좌영장 권규섭, 우영장 이규필, 연습장 우재룡, 도포장 백
남신, 좌익장 정래의, 우익장 김성일, 좌포장 장대익, 우포
장 김일언, 유격장 임중호, 척후장 정성욱, 점군검찰 안수
원, 장영서장將營書掌 김진영, 군문집사 이두규를 선임하
고, 각 초장과 종사를 별도로 선정하였다. 당시 1초는 10명
으로 편성되었다.

정용기는 제2차 산남의진 부서를 대장 아래 19개로 편성
하였다. 제1차 때의 16개 부서와 견주면 유격장·척후장·점
군검찰 3개 부서가 더 신설되었다. 부장의 부서 이동도 많
았지만, 중군장 이한구, 참모장 손영각, 소모장 정순기, 선
봉장 홍구섭, 군문집사 이두규 등은 그대로 중용되었다.
부장은 의진에 기여한 공로나 성향, 부장 개인이 가지는 비
중 등의 차이에 따라 임명된 듯하다. 다만 연습장의 이름이
우재룡 대신 조선유로 나오는 기록도 있는데, 처음에는 조
선유로 임명했다가 나중에 대구진위대 출신 우재룡으로 교
체되었기 때문이다.

제2차 의진 결성에서 주목되는 것은 군인 출신이 많다는
점이다. 청송 포군 출신 이세기, 대구진위대 출신 우재룡,

울산진위대 출신 김성일, 서울 군인 출신 김경문 등이 있었고, 그 밖에도 군인 출신으로 정춘일·조선유·김치현, 포수 출신으로 김일언·백남신 등이 있었다. 이처럼 군인 출신들이 많이 중용되었다는 것은 의진의 전투력이 그만큼 강화되어 갔다는 뜻이기도 하다. 이들이 의병들의 군사훈련을 담당하면서 의병들의 전투력을 크게 향상시켰을 것이기 때문이다. 당시 신병훈련장은 보현산·북동대산·화산·주사산성 등에 있었다.

정용기 대장은 군령도 엄격하게 하였다. '만약 군령을 어기는 자는 군법으로 다스릴 것'이라고 하여 군사들의 기강을 강화하였다. 또 "갑오년 이후 민생이 매우 어려움에 처해 있으니 일체 단체행동으로써 무고한 사람을 죽이거나 부녀자를 겁간하거나 재물을 탈취하는 일이 있으면 모두 본진에 고발하라."는 내용의 〈포고문〉을 지어 보내 민폐를 막으려 하였다.

정환직 의진 총수도 서울에서 내려와 산남의진의 여러 부장들을 만나고 1907년 5월, 관동 지방에서 다시 만날 것을 기약하며 돌아갔다. 아울러 중국인 왕심정王心正을 다시 상하이에 파견하는 등 무기와 군수품 마련에도 힘을 쏟았다.

청하읍을 장악하고 천령을 넘어 이동하다

1907년 봄 아버지 정환직 총수의 분부대로라면 1907년 5월까지는 관동으로 나아가야 했지만, 신돌석 의진이 일본군에게 줄곧 패하게 되면서 길이 막혀 북상은 계속 늦어지고 있었다. 신돌석 의진도 울진·삼척 지역에서 수차 활약을 펼치기도 했지만, 일본군의 적극적인 토벌 공세에 밀려 어려운 상황을 맞고 있었다. 이뿐 아니라 정용기 의진 스스로도 탄약과 무기 부족이 심각하여 북상은 계속 지연될 수밖에 없었다.

정용기 의진이 본격적으로 투쟁을 재개한 것은 1907년 7월 무렵부터였다. 그동안 여러 정보를 모은 결과 일본군은 부산에서 동해안 바닷길을 이용하여 경상도와 강원도로 드나든다는 것을 알아낸 것이다. 정용기는 본진 약 3백 명을 2대로 나누어, 1대는 청하군 죽장에서 샘재(泉嶺)를 넘고, 1대는 흥해 신광에서 엿재(麗嶺)를 넘어 야밤에 청하읍을 공격하게 하였다. 본진 1대가 7월 17일(양 8월 25일) 청하읍을 들이치자 놀란 적군들은 동해로 도주하였다. 정용기 부대는 읍내로 들어가 창고의 무기 등을 몰수하고 적의 분파소와 건물 등을 불태운 뒤 도주하지 못한 한인 순사 1명을 처단하였다.

의진은 청하를 장악한 뒤 다시 천령(샘재)로 돌아왔다. 몰수한 무기 가운데 불필요한 무기 등은 천령의 산속에 숨겨 두었다. 의병들은 탄약과 무기가 떨어지면 산속 절간이나 동굴에서 보충한 뒤 다시 전투를 치르곤 했다. 탄약가 장비가 부족하여 한꺼번에 많은 의병들이 희생되는 경우가 많았다. 의병들은 최신예 무기로 무장한, 그것도 러일전쟁을 경험한 일본군 정예부대를 상대로 싸워야 했기 때문이다. 이런 점으로 보면 우리 의병들은 일본군에게 일방적으로 학살당하고 있었던 셈이다.

청하에서 천령으로 돌아온 정용기 본진은 척후병으로부터 일본군 대부대가 포항에 침입하였다는 보고를 받았다. 정용기 대장과 장령들이 의논하였으나, 무기가 절대적으로 부족한 상황에서 포항을 직접 공격하는 것은 무리였다. 그렇다고 당장 관동으로 북상하기도 어려웠고, 북상을 하더라도 일본군을 피해 다른 먼 길로 돌아가는 것은 모두가 꺼려하였다. 이런 상황에서 일본군의 추격을 받으면 이를 당해낼 도리가 없을 것이라는 결론을 내렸다. 결국 이들은 천령을 넘어 포항 반대 방향인 죽장으로 이동하기로 하였다.

강릉의병이 내려와 본진에 합류하다

청하군 죽장으로 이동한 정용기 의진은 당분간 주변 지역을 돌며 무기와 탄약을 보충한 뒤 북상한다는 계획을 각 지대에 전달하였다. 영천을 돌고 다시 청송으로 들어가려 했으나 비가 오는 관계로 계획을 바꾸어 신녕 방면으로 진출하였다. 이 무렵 대구진위대 참교 출신 우재룡이 입진하였다. 정용기는 1907년 7월 하순 이창송과 정완성 등을 서울에 보내 이곳 의진의 상황을 의진 총수 정환직에게 보고하였다. 의진의 각 지대가 곳곳에서 유격전을 펼치는데 그 수로 말하면 수천 명이나 되고, 활동 지역도 경상도 대부분의 지역에 이르며, 교전도 하루에도 몇 번씩이나 이루어지고 있다는 것 등을 자세하게 보고하였다고 한다.

아울러 무기와 탄약이 턱없이 부족한 상태에서 전투를 계속하다 보니 북상이 지연되고 있으며, 근래에는 일본군이 유독 강원도로 가는 통로를 지키고 있어 북상에 어려움이 크다는 것도 알렸다. 또 정용기는 아버지 정환직 총수가 보낸 강릉의병을 이곳 영남으로 보내 줄 것을 요청하였다. 정환직은 이 소식을 듣고 먼저 이창송과 정완성을 강릉에 보내 강릉부대를 영남으로 인솔하도록 하였다. 이렇게 정용기의 요청으로 8월 18일(양 9월 25일) 강릉의병 부대가 영남 지역으로 이동해 청하군 죽장 상사리에 머물고 있던 본진으로 들어와 합류하였다.

군율을 어긴 초장 김복성을 처단하다

정용기의 본진이 영천 화북면 자천慈川을 거쳐 청송 지역으로 들어가자, 일본군이 영천에서 본진을 추격해 북상하고 있다는 보고가 들어왔다. 정 대장은 곧바로 본진을 2대로 나누어 영천 화북면에서 청송 현서면으로 넘어가는 고개 마루에 매복하고 기다렸으나, 일본군이 나타나지 않자 군사를 거두었다. 그런데 이때 복병으로 배치되었던 제5초장 김복성金福成이 자신의 분대를 이끌고 도주하였다. 다음날 정 대장은 일본군이 안동 지방으로 이동한다는 보고를 받고 안동 길안면 송사리 둔전屯田까지 추격하였으나 미치지 못하고 천령으로 돌아왔다.

정용기 대장은 일본군이 청송읍을 향해 출격했다는 정보를 듣고 본진을 방대령方臺嶺에 매복시켰으나 적군이 오지 않자 군사를 거두어 청송 현서면 사촌동 벌전筏田으로 나아갔다. 그곳에서 도주한 제5초장 김복성이 민간에서 노략질을 하고 있는 상황을 포착하고, 그를 잡아 목을 베었다. 정 대장은 본진을 이끌고 다시 의성읍을 공격하려 하였으나, 기밀이 새어나가 하는 수 없이 군사를 돌려 청송 안덕으로 갔다. 정용기 의진은 이때 청송읍을 공격하기 위해 신돌석 의진과도 연락을 하였다.

청송 안덕면 신성에서 교전하다

정용기는 본진을 이끌고 1907년 8월 14일(양 9월 21일) 저녁 청송 안덕면 신성新城에 도착하였다. 이 무렵 신돌석 부대에서 주위에 일본군이 많다고 알려 왔다. 정용기는 본진을 3대로 나누어 주요 지점마다 매복하게 하였다. 마침내 일본군이 신성 지역으로 들어오자 접전이 벌어졌다. 전투는 밤새도록 계속되었다. 8월 15일 새벽이 되자 일본군이 청송 현동면 인지동 추강秋江 뒷산으로 도주하였다. 의진은 이를 추격하여 산을 포위하고 공격하였으나 적군은 산 위에서 응전하지 않았다. 본진은 사방을 포위하고 기다렸다. 그런데 이때 갑자기 큰 비바람이 몰아치기 시작했다. 의진이 소지한 화승총은 비가 오면 사용이 불가능한 장비였으므로 어쩔 수 없이 포위망을 풀고 퇴각하였다. 이 신성전투에서 부장 이치옥李致玉이 전사하였다. 당시 일본군은 경북 동해안 지역의 정용기 부대와 신돌석 부대를 토벌하기 위해 포항 지역으로 배치된 보병 제12여단 제14연대 제12중대 소속 1개 소대로, 병력은 약 30명이었다. 신성전투는 이 부대와 펼친 전투였던 것으로 보인다.

정환직의 강릉부대가 본진에 합류하다

청하군 죽장에 이르렀을 때, 일본군이 곧 공격해 올 것이라는 정보가 있었다. 정용기 대장은 본진을 이끌고 주요 도로에 매복하고 기다렸으나, 날이 저물어도 적군이 나타나지 않자 군사를 거두어 청하군 죽장면 상사리 절골 개흥사開興寺에 들어가 유진留陣하였다. 8월 18일(양 9월 25일) 서울로 파견되었던 이창송·정완성이 정환직의 지시를 받고 관동으로 가서 강릉의병을 이끌고 내려왔다. 이 강릉의병 부대가 본진에 합류함으로써 정 대장이 지휘하는 본진의 사기가 크게 높아졌다.

이날 우포장 김일언이 죽장면 침곡針谷에서 일본군 척후 1명을 사살하였다. 이튿날인 8월 19일에는 흥해군 기계면 가천동 운주산 안국사安國寺로 진을 옮기고 포항을 공격하기 위해 정보원을 연해 방면으로 파견하였다. 이때 도총장을 지낸 이종곤이 기한을 어기고 늦게 입진하자 이에 대한 벌을 주었다. 경주 안강 옥산 원촌院村에 도착하니 연해로 나갔던 정보원들이 돌아와 '포항에는 일본군이 많이 들어와 있어서 쉽게 공격할 수가 없다'고 하였다.

한국주차 일본군은 을사늑약 체결 전후 2개 사단 병력이 들어왔다. 그 뒤 1907년 3월 제13사단 1개 사단만 남겨두고 제15사단은 철수하였다. 그런데 같은 해 7월, 갑자기 보병 1개 여단 병력이 다시 들어왔다. 이들의 목적은 한국군 강제해산과 의병탄압이었다. 1개 여단은 여단사령부와 제14연대(연대장 기쿠치菊池 대좌, 총 병력 1,291명), 제47연대(연대장 나바타메生田目 대좌) 2개 연대였다. 제14연대는 1907년 7월 26일 부산으로 들어와 전국으로 배치되었다. 대구에는 제14연대 제3대대 대대본부와 제11중대(중대장 니시오카西岡 대위) 및 제12중대(중대장 미토모三友 대위)가 배치되었다.

영일만에는 제12중대 소속 1개 소대 약 30명이 배치되었다. 장기와 포항 등지에서 무역·광산·수산업 등을 하는 일본인들이 의병들의 공격을 자주 받고 있었기 때문이다. 산남의진의 본진과 지역 부대는 흥해와 청하 지역 분파소와 일본인들을 자주 공격했다. 분파소는 통감부의 말단기구였으므로 그곳의 순사·순검·보조원 등은 일본 상인들과 함께 의병들의 주요 공격 대상이었다. 따라서 포항 지역에 거주하는 일본인들은 이러한 소문을 듣고 잔뜩 겁을 먹고, 포항 지역에 일본군을 파견해 줄 것을 요청하는 청원서를 경북도청에 제출하려던 상황이었다. 그런데 때마침 일본군 제14연대 1개 소대 병력 약 30명이 수비대장 나카지마中島 중위의 인솔로 포항에 도착한 것이다. 영일만에 배치될 계획으로 들어 온 이 수비대는 포항의 나카타니中谷, 오카모토岡本, 이와사岩佐 3명의 집에 나누어 거주하면서 의병들의 공격에 대비했다.

자양에서 전투를 치르다

1907년 8월 24일(양 10월 1일) 일본군 영천수비대가 영천 관포, 곧 한국인 보조원을 앞세우고 자양으로 들어온다는 정보가 있었다. 정용기 대장은 본진을 2대로 나누고, 1대는 영천 자양면 상구미를 지나 자양면 검단동에서 일본군을 남쪽으로 유인하고, 1대는 영천 자양면 신방을 거쳐 자양면 노항에서 일본군이 남으로 도주하는 것을 막아 자양면 용산리 월연 후원으로 몰아넣는 작전을 구상하였다. 아울러 군사들에게 명령하기를, 영천관포는 우리 동포이므로 죽이지 말라고 하였다. 자양으로 출진한 본진 병사는 약 150명이었다. 얼마 뒤 선봉장 홍구섭과 연습장 우재룡 등이 일본군 1명과 영천관포들을 사로잡아 왔다. 한국인 보조원들은 우리 동포이므로 타일러 보내고, 일본군 1명은 목을 베어 머리를 깃대에 매달고 마을로 들어오니 주민들이 크게 환영하였다.

정용기는 임란 당시 영천성을 탈환한 선조 강의공 정세아가 은신해서 강학하며 만년晩年을 보내던 곳인 강호정사江湖精舍를 바라보며, 오늘날 이 난리를 당하는 후손으로서 눈물을 흘리며 탄식했다. 강호정사는 원래는 영천군 자양면 용산동 751번지에 있었으나 1974년 영천댐 건설로 자양면 성곡리 산78번지로 옮겨졌다. 정용기 대장은 다시 영천읍을 공격하고자 의견을 모았다. 이때 참모장 손영각이 "우리는 지금 무기가 부족하고 탄약도 떨어졌다. 뿐만 아니라 영천은 대구와 가까워서 만약 대구가 일본군의 공격을 받는다면 그 형세를 감당하기 어려울 것이므로, 무기 등을 좀 더 준비한 뒤에 영천으로 들어가는 것이 좋겠다."고 하였다. 이에 모두가 동의하므로 정용기 대장도 공론을 따르기로 하였다.

일본군 수비대의 추적을 따돌리다

일본군은 1907년 9월 5일 제14연대와 제47연대 병력을 동원하여 경북 지방 의병을 탄압하기 위해 6개 종대縱隊의 '토벌대'를 편성하였다. 제14연대 병력으로 제1종대·제2종대·제3종대를 조직하여 '우토벌대右討伐隊(우익대右翼隊)'라 하였고, 제47연대 병력으로 제4종대·제5종대·제6종대를 조직하여 '좌토벌대左討伐隊(좌익대左翼隊)'라 하였다. 토벌대 총대장은 제14연대 연대장 기쿠치 대좌였다. 그는 우익대 제3종대를 직접 이끌고 의병 토벌에 나섰다. 1907년 8월 8일(양 9월 15일) 신돌석 부대 약 170여 명은 영양 주실에서 토벌대의 습격을 받아 12명이 전사하고 30여 명이 부상을 입는 큰 피해를 입었다.

일본군 토벌대가 투입되었음에도 정용기 대장은 관동으로 길을 트기 위해 신돌석 부대를 지원하는 한편, 동해 연안 지역으로 척후병을 파견하며 길을 찾고 있었다. 1907년 8월 24일(양 10월 1일) 정용기 부대가 자양전투에서 일본군 1명을 사살하고 한국인 보조원 여럿을 사로잡았던 사실이

8월 25일(양 10월 2일) 흥해분파소 순사들에게 포착되었고, 이어서 일본군 제14연대 소속 영일수비대에도 알려졌다. 영일수비대는 청송수비대와 연합작전으로 정용기 부대의 행적을 자세하게 추적하기 시작했다.

정용기 부대는 8월 25일(양 10월 2일) 의병 약 3백 명으로 청하읍을 공격하여 적 1명을 사살하고, 분파소 및 관계 건물 등을 소각하고 다시 천령으로 회군하였다. 청하에서 확보한 총

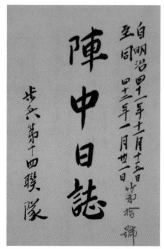

《진중일지》 표지
일본군 보병 제14연대 전투일지
《진중일지》의 표지(10호)

기류는 천령에 감추어 두었다. 이동할 때는 부대를 해산하고 농민이나 상인 등으로 위장하여 약속한 장소로 모이게 함으로써 일본군의 추적을 따돌렸다.

일본군 제14연대 12중대 소대장 나카오카長岡 중위의 영일수비대는 8월 26일(양 10월 3일)자 보고에서, "1907년 10월 2일 오후 6시에 흥해분파소로부터 통보가 있었다. 정용기가 이끄는 약 150명의 폭도들은 현재 기계면 가천동鳥川

洞(지금의 포항시 북구 기계면 가안리駕安里) 안국사에 모여 있다.”고 하였다(《진중일지陣中日誌》 I, 330쪽). 또 영덕에 있는 제14연대 제10중대 중대장 후지타藤田 대위(우익대 1종대장) 대위도 당시 상황을 자세히 통보하였는데, 그 내용은 다음과 같다.

1. 정용기 부대의 약 2백 명은 흥해 서쪽으로 약 2리 떨어진 신광면에서 집합했다.
2. 일본군 토벌대는 이들을 토벌하기 위해 여러 종대로 나누었다.
   영일수비대는 진안 방면에서 남쪽을 향해 도로로 전진하고 있다.
   청송수비대는 안덕 방면으로 진출하여 남쪽을 향해 적의 퇴로를 차단하며 행동을 개시하고 있다.
   영일수비대는 기계면 부근의 폭도를 습격하기 위해 10월 3일 오후 1시에 출발, 경주 단구丹邱(강동면 단구리)에 도착하니 폭도들은 지난 2일 경주 방면으로 도주한 뒤였다.
   4일 아침 폭도 본거지인 기계면 가천동 안국사로 가던 도중 후지노藤野 조장이 이끄는 부대와 합류하여 오전 10시 안국사에 도착하였다. 이 절은 폭도들의 근거지이고 승려들 또한 폭도이기 때문에 절을 불태워 버렸다.
   돌아오는 길에 흥해군 덕촌에 도착해서 숙영한 다음

산남의진 정용기 대장 전투지 및 이동 경로(1907. 7.~8.)

5일 아침에 출발하여 영일로 돌아왔다.

《진중일지》 I, 2010, 330~331쪽)

이 내용은 정용기 부대가 8월 25일(양 10월 2일) 청하를 공격한 뒤 천령을 거쳐 안국사로, 다시 자양으로 이동하던 정황을 말해 주고 있다. 일본군은 정용기 부대를 토벌하기 위해 영일수비대와 청송수비대가 경쟁적으로 출격했다. 그러나 정용기 대장은 이를 잘 따돌렸다.

이 일본군 수비대는 1개 소대 병력으로 약 30명 정도였다. 청송수비대는 수비대장 미야하라宮原 소위가 이끄는 제11중대 소속 미야하라 소대였고, 영일수비대는 수비대장 나카오카 중위가 이끄는 제12중대 소속 나카오카 소대였다. 그들은 8월 27일(양 10월 4일) 흥해군 기계면 가천동의 안국사를 의병의 근거지라 하여 불태웠다. 눈길을 끄는 것은 흥해분파소가 '정용기가 이끄는 의병 150여 명이 기계면 가천동의 안국사에 주둔하고 있다'는 정보를 영일수비대뿐 아니라 청송수비대에게도 동시에 알렸다는 것이다. 의병 토벌을 위해 군경이 모두 함께 움직였다는 것을 말해 주는 대목이다.

흥해분파소는 1906년 8월 25일(양 10월 12일) 설치된 이래 경상북도 경무서 경주분서의 관할 아래에 있었다. 흥해 지역에는 언제부터인지는 몰라도 일찍부터 한인 순검이 있었다고 한다. 통감부 경찰제도에서는 1906년 5월 15일(양 7월 6일) 경상북도 경무서 경주분서가 설치되었고, 그해 8월 25일(양 10월 12일) 경주분서 아래 연일분파소·장기분파소·흥해분파소가 설치되었다. 분파소에는 일본인 순사와 한인 순검 등 2~3명이 배치되어 일본군 수비대의 의병 토벌 작전에 직접 또는 간접으로 참여하고 있었다. 1908년 1

월 1일부터는 분파소가 순사주재소로 바뀌었다.

안국사를 불태운 뒤 영일수비대는 8월 28일(양 10월 5일) 영일로 돌아갔지만, 청송수비대는 계속 정용기 의진을 추적하여 8월 29일(양 10월 6일) 진보, 청송을 지나 이튿날 30일 청하군 죽장면 입암으로 들어갔다.

안국사는 불태워졌지만 지금도 그 터가 남아 있다. 특히 이 절은 주변 지형이 요새처럼 생겨서 의병들이 많이 드나들던 곳이었다. 의병들이 사찰을 많이 찾은 이유는 숙식 문제, 물자 확보, 지형 이용, 군사훈련 등의 조건 면에서 절대적으로 유리하였기 때문이다. 그래서 일본군은 사찰이 의병들의 근거지가 되는 것을 예방하고, 근거지가 되었던 곳에 대해서는 보복 조치로 방화·소각하였던 것이다. 당시 일본군은 안국사(기계 운주산) 외에도 도덕사(안강 옥산), 청련사(영덕 달산), 법광사(신광 비학산), 거동사(자양 보현산), 보경사(송라 내연산), 비상사(영천 보현산) 등을 의병들의 주요 근거지로 여겼는데, 그 가운데서도 안국사·법광사·비상사 등이 피해를 많이 입었다.

검단동 향재에서 북상 기일을 재촉하다

8월 24일(양 10월 1일) 자양전투를 치른 뒤 정 대장은 본영 150여 명을 지휘하여 안국사로 회군하였다. 해 질 무렵 어떤 사람(정환직의 조카 정진기鄭溱基로 추정)이 진중으로 와서 "동엄 선생이 검단동 향재에 와 있다."고 하였다. 정용기는 초장에게 자양면 중요 지점마다 보초를 세우도록 하고, 핵심 부장들과 함께 곧바로 향재로 달려갔다. 그는 아버지이자 의진 총수인 정환직에게 문안 인사를 올린 뒤, 약속했던 북상 일정이 더뎌진 연유를 다음과 같이 설명하였다.

지금 군졸의 수가 1천여 명이라고 하지만 실제로는 8백에 지나지 않으며, 무기는 태반이나 부족하고, 탄약도 수시로 끊어져 한 번만 싸우면 다시 산곡으로 물러가 탄약을 준비해야 하니 도저히 북상하기가 어렵게 되었습니다. 또한 시일이 이렇게 지연된 것은, 소자가 신병으로 몇 달 병석에 누워 있는 동안 일이 여의치 못하게 되면서 여기에 있는 여러 사람들이 각지에서 천신만고를 다 겪었기 때문입니다. 또 한 가지는 신돌석과 약속하기를, 그는 연해 요지의 해로를 담당하고 소자는 경상·강원 지대의 내륙을 맡기로 하였는데, 불운하게도 그가 몇 차례나 패전을 거듭하여 수습하지 못하였고, 소자 또한 군기를 준

비하지 못하고 방황하는 동안 서울과 영남에 약속한 일
이 모두 그릇되었습니다.

정용기 대장은 북상이 늦어지게 된 이유를 첫째, 무기와
탄약 등 물자의 부족, 둘째, 정용기 자신의 건강 문제, 셋
째, 거듭된 신돌석 의진의 패전, 넷째, 군기준비의 지연 등
으로 열거하여 아뢰었다. 정용기가 목멘 음성으로 말씀을
올리자 묵묵히 듣고 있던 정환직도 눈물을 닦았고, 참여했
던 사람들도 모두 긴 한숨을 쉬었다고 한다.

정환직 의진 총수는 정용기 대장의 북상 지연 이유를 들
은 뒤 부장들을 모아 놓고, 나라가 극도로 어려워진 상황
에서 생사를 불문하고 용기를 발휘하고 있는 의병들을 나
라의 간성干城이고 영웅이라 격려하고, 자신은 황제의 밀조
를 받고 의진을 도울 준비를 해 왔으나 의진의 북상이 늦어
짐으로써 뜻대로 되지 못하였음을 말하였다. 그리고 나서
지금 적국 일본이 나라를 멸망시키려 하고 있음에도 역적
들은 오히려 그들에게 아부하여 자기 욕심만 채우려 하고
있으니, 이러한 치욕을 갚기 위해서라도 의진은 "만사를 그
만두고 당장 북상하라."고 훈시하였다.

이날 저녁은 정용기 대장의 동생 정옥기鄭沃基가 마련하

여 대접하였다. 이 8월 24일(양 10월 1일)이 정환직·정용기 부자가 상봉한 마지막 날이 되고 말았다. 향재는 이틀 뒤인 8월 26일(양 10월 3일) 일본군에게 불태워졌고, 아들 용기에 이어 아버지 정환직, 이 양세의병장이 곧 순국했기 때문이다.

관동으로의 북상을 재촉받고 기일을 의논하다

산남의진의 관동진출을 기다리던 정환직은 1907년 8월 20일경 심복 수십 명과 함께 강릉으로 갔다가, 동해안을 따라 청하 반곡盤谷에 사는 동생 정환봉鄭煥鳳, 1849~1921의 집에 며칠을 머무른 뒤 동생과 같이 8월 23일(양 9월 30일) 영천 검단동 향재에 도착했다. 그때 향재에서는 종제 치훈과 차남 옥기가 피난 준비를 하고 있었고, 며느리 최씨는 해산한 지 사흘째였다. 필자가 족보를 찾아 확인해 보니, '해산한 지 3일' 된 이 아이는 정용기 대장의 넷째 아들 태용泰鎔으로서, 그 생년월일이 1907년 8월 20일로 정확했다.

겨우 하룻밤을 지내고 이튿날 아침, 마을 사람들은 일본군이 들어온다고 야단이었다. 정환직은 가족들과 함께 산골로 피신하였다가 적병이 물러갔다는 연락을 받고 집으로 돌아왔다.

정용기 대장은 다음날 8월 25일(양 10월 2일) 전군을 운주산 상구원上龜原, 지금의 영천시 자양면 상구미에 집결시키고, 북상 일정을 잡기 위해 부장들의 의견을 모았다. 장령들도 확신을 갖지 못한 듯 한숨을 짓기도 하고 눈물을 흘리기도 하였다. 이들은 모두가 집안을 제대로 돌보지 못하였고, 하물며 고향집 앞을 지나가면서도 가족 한 번 만날 여유가 없었는데, 행여나 북상길이 생애의 마지막이 될지도 모른다는 생각이 들었을 것이기 때문이다. 정용기는 북상의 먼 길을 나서기가 쉽지 않은 사정을 짐작하고, 다시 각부 장령들을 소집하여 비밀회의를 열었다. 여기서 그는 '북상 기일은 다음날에 정한다'고 공포한 뒤, 즉시 출발 명령을 내려 흥해군 북안면 신촌, 지금의 영천시 임고면 평천동 방면으로 출진하였다.

검단동 향재가 잿더미로 변하다

정용기는 북상을 위한 전열의 재정비를 위해 8월 26일(양 10월 3일) 영천 보현산으로 들어갔다. 산 아래 여러 마을에 군사들의 식사를 배정하고 숙영할 준비를 하였다. 이때 척후병이 와서 자양면 검단동에 일본군이 들어가 마을을 불 살랐다고 하였다. 의진이 곧바로 출격하여 마을을 포위 공 격하였으나, 일본군은 남쪽으로 도주한 뒤였다. 마을은 온 통 연기로 가득했고, 정 대장의 향재뿐만 아니라 이웃의 여 러 집까지 잿더미가 되었다. 본진은 일본군을 추격했으나 미치지 못하고 안국사로 회군하였다.

한국주차 일본군 사령관 하세가와長谷川는 1907년 양 력 9월 "비도匪徒에 투신하거나 또는 그것을 은피시키고 혹 은 흉기를 감추어 주는 자는 가차 없이 엄벌에 처할 뿐 아 니라, 그 책임을 현행범의 촌읍에 돌려 부락 전체를 엄중하 게 처치할 것"이라 고시告示하고, 일반 촌락에 학살과 방화 를 함부로 저질렀다. 이에 따라 1907년 7월부터 1908년 말 까지 전국적으로 일제가 불태운 민가만 해도 6,681호나 되 었다.

정용기의 고향집이 불타는 화염 속에서도 이웃 사람 이 상언李相彦이 향재를 드나들며 서적의 일부나마 꺼내 옮겨 놓았다고 한다. 정용기는 군사를 이끌고 일본군을 추격하 였으나 미치지 못하고 날이 저물자 보현산으로 돌아갔다. 이 검단동, 지금의 충효리 검계서당 터에는 1934년 충효재 가 세워져 오늘날에 이르고 있고, 향재는 양세의병장 묘원 옆에 빈터로 남아 있다.

북상 준비 기간으로 10일 동안의 휴식을 결정하다

검단동 향재가 불타버린 8월 26일(양 10월 3일) 안국사로 돌아온 본진은 야간회의를 열고 북상에 대한 부장들의 의견을 모았다. 소모장 정순기가 "각지의 유격대가 북상을 지휘하자면 상당한 시일이 걸릴 수 있으니 북상 시일부터 정하는 것이 좋겠다."고 하였다. 또 참모장 손영각은 "강원도는 경상도와 달라서 벌써 날씨가 추워 오는데 우리가 지금 입고 있는 옷으로는 떠나기 어려우니, 10일 정도 여유를 주어 군복도 준비하고 지대에 연락도 하는 것이 좋겠다."고 하였다. 그 밖의 사람은 두 사람의 의견에 찬동할 뿐 다른 의견이 없었다. 이에 정용기 대장은 의진이 '북상을 준비하는 기간으로 10일 동안 휴식'한다는 결정을 내렸다. 자신은 본부 진영의 군사 150여 명을 거느리고 본진을 관리하기로 하였다.

이어서 그는 각 부 영장들을 소집해서 북상에 필요한 복장을 준비할 것을 지시한 뒤, 지방 연락을 위해 각 지대로 사람을 보냈다. 《산남의진유사》에 따르면, 이때 최기보를

운문산 유격대의 이형표에게, 김학을 남동대산 유격대의
최세한에게, 이순구를 청송 지방 유격대의 서종락에게 보
내 북상을 준비시켰다. 뒤이어 김성극을 의성에, 김진현을
경주에, 장성우를 인동·칠곡에, 정완성을 장기에, 김상규
를 울산에 보내 각기 그 지방 책임자에게 연락하여 각 지
방 유격대에게 북상을 준비하도록 하였다.

의진의 각 부 영장들은 자기 부대를 이끌고 각 지방으로
나아가 초장들로 하여금 각자 군복을 준비하게 하였다. 출
장 형식이었다. 영장들이 나간 지역이 대부분 그들의 출신
지였기 때문에 자기 집안을 둘러보고 가족도 만나 볼 수 있
는 여유를 주기 위해서였다. 아울러 출장 중인 부대의 행동
을 감시하기 위해 지방별로 감시자를 파견하였다. 이규환을
경주에, 정치우를 영천에, 이종곤을 흥해에, 구한서를 청하
에, 김진영·남승하를 청송 등지에 보내서 군기 엄수와 입진
기간 실행을 책임지도록 하였다.

5. 입암전투에서 전사하다

갑작스런 폭풍으로 장수의 두 깃대가 동시에 쓰러지다

1907년 8월 26일(양 10월 3일) 안국사 야간회의에서 10일 동안의 휴식을 결정하고 북상 준비와 지대 연락을 위해 각지로 영장들을 보낸 뒤, 정 대장 자신은 본부 진영 병력 150여 명을 이끌고 청하군 죽장으로 이동하였다. 이동할 때마다 출장 나간 영장들이 귀대할 장소를 표시하면서 8월 29일(양 10월 6일) 청하군 죽장면 매현梅峴(미재 또는 산현 이라고도 함)에 이르렀다. 그는 이곳에서 유숙하며 휴가를 나간 장령들을 기다리기로 하였다. 그날 오후 4시 척후병으로부터 '추격하는 일본군이 청송에서 청하군 죽장으로 이동한다'는 보고를 받았다. 이에 정용기는 일본군이 이동한다면 반드시 죽장면 입암리에 와서 숙영할 것이라 예측하고 작전을 세웠다.

이튿날 9월 1일(양 10월 7일) 이른 아침이었다. 갑자기 폭풍이 일어나서 장수의 두 깃대가 동시에 쓰러졌다. 모두가 놀라 어쩔 줄 몰라 하자, 정용기 대장은 군사들을 향해 큰소리로 "옛날 오나라가 초나라와 싸울 때 오나라의 장기가 전복되어 군심이 불안해지자, 대장 손무孫武가 군사를 경계하되 '대장기가 전복되면 대장이 죽는다 하였으니 내가 죽더라도 초를 파하게 되면 나는 죽음을 두려워하지 않으리라'고 하고 싸워 크게 이겼으나 그는 전사하였다. 이 같은 징조는 피할 수 없는 사정이다. 여러 사람들은 소란케 하지 말라."하였다. 또 그날 군문집사 이두규와 우포장 김일언이 서로 다투어 소란을 피우자 이를 군법으로 다스렸다.

이세기가 일본군을 선제공격하다

그날 저녁 무렵 일본군이 청송을 출발하여 입암에 도착하였다는 척후의 보고를 받았다. 정용기는 이미 일본군이 죽장면 입암리에 유숙할 것을 예측하고 있었으나, 모든 부대는 출장 중이었고, 본진에는 김일언·우재룡·이세기 세 부장만이 남아 있었다. 정용기 대장은 곧 작전을 짰다. 이들 세 부장에게 각기 일대를 지휘하고 나가 적의 길목을 지키면 새벽에 본진이 적을 공격하여 함께 섬멸한다는 작전이었다. 이에 따라 우재룡을 작령雀嶺으로, 김일언을 조암鳴巖(명암鳴巖)으로, 이세기를 광천廣川으로 나가 매복하게 하였다. 적군은 반드시 입암에 유진할 것이므로, 내일 9월 2일(양 10월 8일) 새벽 본진이 이를 기습공격하여 적들이 도주할 때 우리 복병들이 길목을 막으면 '일본군 전체를 섬멸할 수 있을 것'이라 하였다. 정용기는 세 부대를 내보내고 연락을 기다리기로 하였다.

9월 1일(양 10월 7일) 정용기의 명을 받은 김일언·우재룡·이세기 세 부장은 각자 자신의 군사를 이끌고 매복할 장소로 출발하였다. 그런데 이세기가 목적지 광천

죽장면 입암리 골안마을 소하천
오른쪽 언덕 위에 안동권씨 재실 영모당이 있다.

안동권씨 재실 영모당 전경
경상북도 포항시 북구 죽장면 입암리 골안마을 294번지 소재.

으로 가기 위해 입암리 뒷산으로 가던 중, 일본군의 강요로 닭을 잡아 재실 앞 개천으로 내려와 닭을 손질하고 있던 고지기[庫直] 안도치安道致로부터 일본군에 대한 중요한 정보를 얻었다. 일본군이 그에게 저녁밥을 시켜 놓고, 안동권씨 문중 재실인 영모당永慕堂 대청에서 모두 누워 쉬고 있다는 것이다.

저녁 9시 30분경 이세기는 적병이 그리 많지 않다고 판단하고, 단숨에 작살을 낼 요량으로 선제공격하였다. 그러나

예상과는 달리 주위에 잠복해 있던 일본군이 주변을 포위한 뒤 집중적으로 공격해 왔다. 이세기 부대는 크게 당황하면서 본진이 오기를 기다렸다. 이세기는 적의 병력을 얕보았을 뿐 아니라, 이들이 방심하고 있는 틈을 이용하여 공격한다는 판단 또한 성급한 것이었다. 안동권씨 재실 영모당은 지금도 봉화봉 기슭 죽장면 입암리 골안마을 소하천 언덕에서 그때를 회상하고 있다.

대장과 장령들이 전사하고 지휘부가 무너지다

정용기 대장은 매현에서 우재룡·김일언·이세기 세 부장을 매복부대로 내보낸 뒤, 본영은 9월 2일(양 10월 8일) 새벽에 출격할 것에 대비하고 있었다. 그런데 갑자기 입암 방면에서 총소리가 요란하게 들려왔다. 큰 변이 생긴 것으로 판단하고 정 대장이 출진을 서두르는데 또 한 사람이 급히 와서 전하기를, 먼저 나간 부대가 적과 교전하였는데 승부를 알 수가 없다고 하였다. 정 대장은 본영 150명을 이끌고 곧바로 출발하였다. 밤은 벌써 초하루 자정 무렵이었다. 그믐밤이라서 산골은 한 치 앞도 구분할 수 없을 만큼 어두웠다. 겨우 입암리 전지戰地에 도착하였다.

정용기 대장은 본진을 이끌고 총소리가 나는 방향으로 지금의 가사천 하류 시무나무걸[惹煙林] 소하천 둑을 따라 접근하여, 일본군이 있는 안동권씨 재실로 다가가 둑 위로 일본군 모습이 보이는 영모당을 향해 집중 사격했다. 한참을 정신없이 총질을 했지만 어떻게 된 영문인지 일본군은 아무런 대응이 없었다. 의병들은 일본군이 모두 죽거나 도망간 것으로 판단하고 입암서원立岩書院 방향으로 물러났다. 의병들은 서원 앞에 있는 길가 주막에 이르러 무용담을 즐기며 늦게나마 저녁식사를 하였다.

주막의 위치가 자세하지 않아 어렵게 그 위치를 확인할 수 있었다. 바로 서원 맞은편으로 약 1백 미터 떨어진, 지금의 송내교 끝 지점인 구인봉 아래 모퉁이에 있는 입암 촛대암 건너편의 선바위가든 식당 옆 작은 빈터(죽장면 입암리 173번지)이다. 서원과 죽장면 경로당, 원촌마을을 다니며 여러 어르신들에게 물어보았지만 주막을 아는 사람이 없었다. 그러다 선바위가든 식당에 들러서 우연히 이 마을에서 어릴 때부터 오래 살았다는 권영건權寧建, 73세, 대구 본리동 거주 씨를 만나 이야기를 듣게 되었는데, 주막의 위치가 이곳이 확실하다고 자세하게 증언해 주었다. 몇 년 전까지도 거기에 주막이 있었다고 했다. 안동권씨 재실 영모당과는

주막집 터

주막집 터 전경

입암서원 맞은편 길가 주막집 터. 산남의병 전투지 간판이 세워져 있다.
왼쪽 소나무 숲 사이로 입암서원이 보인다. 경상북도 포항시 북구 죽장면 입암리 173번지 소재.

입암 촛대암(선바위)

입암리의 명물. 주막집 터와 마주보고 있다.

약 1킬로미터쯤 떨어져 있다. 이곳 빈터에는 '산남의병 전투 지'라는 입간판이 세워져 있지만 의진 장령들이 참사를 당했던 주막집 터라는 것을 알려 주는 내용은 그 어디에도 없다.

다시 본 이야기로 돌아가자. 안동권씨 재실에 있던 일본군 청송수비대 미야하라 소대는 이세기 의병부대와 접전을 벌인 뒤 의병 본진이 들어오자 마루 밑바닥에 납작 엎드려 죽은 듯이 사태를 파악하고 있다가, 의병들이 사격을 멈추고 물러난 뒤 추격하여 일시에 의병진을 공격하였다. 주막거리에서 다급해진 의병들은 어둠 속에서 끝까지 저항하였으나 결국 참패하고 말았다. 이 전투를 '입암전투'라 하는데, 여기서 대장 정용기, 중군장 이한구, 참모장 손영각, 좌영장 권규섭 등 의진 핵심 장령과 병사 등 수십 명이 전사하였다.

이날 전투에 대하여 일본군 보병 제14연대의《진중일지》(I, 2010, 336~337쪽) 1907년 10월 9일자에서 일본군 청송수비대는 "이날 밤 9시 30분 정관여鄭寬汝(정용기)가 이끄는 의병 150여 명으로부터 기습을 받았지만 오히려 9월 2일(양 10월 8일) 오전 0시 20분부터 공세로 전환하여 의병이 머물고 있던 진영(주막집-필자 주)을 쳐서 정용기 의병장 이하

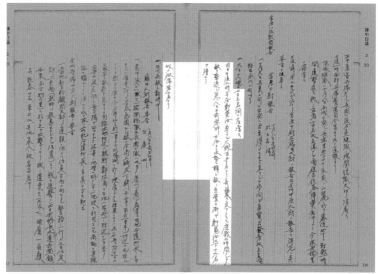

입암전투 일본군 보고서
《진중일지》I, 2010, 336쪽.

19명을 사살하였다. 이 전투에서 일본군은 부상 2명에 그
쳤다."고 보고하고 있다.

9월 2일(양 10월 8일) 날이 밝자 처참한 비극의 현장이
드러났다. 지휘부를 비롯하여 수많은 의병들이 피를 흘리
며 쓰러져 있었다. 이러한 참상에 놀란 입암마을 안동권씨
집안의 원로 10여 명은 일본군의 만행을 조금이라도 진정
시키고자 그들을 만나러 안동권씨 재실 영모당 뒷산으로

올라갔다가 이들 또한 모두 참살당하고 만다.

이 일본군은 지난 8월 27일(양 10월 4일) 영일수비대(대장 제12중대 소대장 나카오카 중위)와 함께 운주산의 안국사를 불태웠던 청송수비대(대장 제11중대 소대장 미야하라 소위)였다. 청송수비대는 마을을 불태웠을 뿐 아니라 양민 수십 명을 학살하였고, 집안에서 보관하던 귀중품까지도 약탈해 갔다고 한다. 청송수비대는 이 전공으로 제14연대장 기쿠치 대좌로부터 상장을 받았다.

입암전투에서 의병진이 이렇게 참패를 당한 이유는 여러 가지 이유가 있겠지만, 첫째는 역시 무기의 열세였다. 일본군은 러일전쟁을 치른 고성능 무라타村田 자동소총으로 무장하고 있었다. 이와 달리 의병들의 주요 무기는 구식 화승총이었다. 그나마도 부족하여 창·칼 등으로 싸웠다. 화승총의 발사 속도는 1분에 4발 정도였고, 유효 사거리는 1백 보 정도였다. 그마저도 비를 맞거나 습기가 차면 발화가 되지 않았다. 화승총은 무라타 소총 앞에서는 무용지물이었다. 화력으로 보면 일본군은 의병에 견주어 일당백 그 이상이었을 것이다.

둘째는 전투경험의 부족이었다. 일본군 토벌대는 러일전쟁을 경험한 일본군 정예부대였던 것과 달리, 의병들은 극히 일부의 군인 또는 포수 출신 외에는 대부분 선비나 농부들이었다. 전술 면에서도 일본군은 의병에 비해 절대 우위에 있었다.

셋째, 정보 파악 능력이 부족했다. 일본군은 의병들의 움직임을 치밀하게 관찰하고, 야식을 먹으며 방심하고 있다는 사실까지 파악한 뒤 의병을 공격하였다. 그렇지만 의진은 그렇지 못하고 욕심만으로 성급하게 움직였다. 이 밖에 어두운 밤에 흰옷을 입고 전투를 했다는 것 등도 불리한 조건이었다. 의병들의 유일한 무기는 오로지 '의기義氣'였던 셈이다. 이들은 죽고 사는 것이 문제가 아니라 '싸워야 했기 때문에 싸웠던 것'이고, 나라가 망하면 나도 망하지만 '나라가 살면 나는 죽어도 영광'이라고 생각했던 것이다.

이날 전투는 1907년 9월 1일 밤 9시 30분경부터 9월 2일 새벽 2시 무렵까지 약 4시간 30분 동안 벌어졌다. 여기서 대장 정용기가 이끄는 본영 150여 명 가운데 대장 이하 19명이 전사하였다. 당연히 부상자는 더 많았다. 반면 미야하라 소위가 이끄는 일본군 청송수비대는 30여 명 가운데 2명의 부상자밖에 나오지 않았다. 일본군의 일방적인 승리이자 대학살이었다.

정환직 총수가 대장이 되다

정환직은 8월 26일(양 10월 3일) 향재를 나와 처가 동네인 흥해군 기계면 막곡, 지금의 포항시 북구 기북면 용기리 막실로 갔다. 그곳 처남 이능추李能樞의 집에서 며칠을 머물렀다. 9월 1일(양 10월 7일) 밤 꿈에 아들 용기가 나타나서 사태의 위급함을 알려주는 악몽을 꾸었다. 그때 진중에서 어떤 사람이 와서 급하게 보고하기를, "어제 밤 입암에서 일본군과의 전투에서 대장과 장령이 모두 순절하였다."고 하였다. 그는 놀란 나머지 황급히 현장으로 달려갔다. 가서 보니 시신은 총상을 10여 군데나 입었고, 핏자국은 온 집안에 퍼져 있었다. 정환직은 아들의 시신을 안고 "너희들이 먼저 이 지경이 되었으니 나는 누구와 더불어 일을 하겠느냐?" 하며 입은 옷을 벗어 아들 몸에 걸쳐 주고, 의진 총수로서 장례를 치르게 하였다. 핏자국이 퍼져 있던 '온 집안'이란 곧 '주막집 방안'으로 풀이된다.

정용기의 장례는 정순기·우재룡·이세기 등 여러 영장들이 군례로써 치르되, 소복을 입고 예를 갖추는 호소례縞素禮로 진행하였다. 청하군 죽장면 매현리 월성손씨 문중에서 묘지와 관, 염포, 제수 용품, 시신 운구 절차에 필요한 식사 등 기타 모든 준비를 부담하였다. 장례는 장병들이 사방을 파수하는 가운데 시신을 거두어, 입암서원 앞을 지나 가사천 상류 방향으로 약 6백 미터 떨어져 있는 죽장면 매현리 인학산 기슭의 학소[浴鶴潭] 북편에 묘를 썼다. 이 한구의 시신도 부근에 안치하였으며 다른 장병들의 예장도 치렀다.

제 3 장

정환직 의병장의
항쟁

1. 아들을 대신하여 의진을 이끌다

아들을 대신하여 진영을 수습하다

입암전투의 참패로 산남의진의 지휘부는 무너지고, 관동으로의 북상 계획도 늦어질 수밖에 없었다. 이런 상황에서 정순기·이세기·우재룡 등이 정환직에게 의진을 이끌어 줄 것을 간곡히 청하였다. 하지만 그는 "늙고 병든 나보다 너희들 가운데서 인물을 선택하는 것이 좋겠다."고 하였다. 이에 정순기와 우재룡 등은 "일이 이 지경에 이르러서 지역 부대들도 오직 본부의 동정만 지켜보고 있을 뿐 아니라, 의진은 한번 분열되거나 흩어지면 다시 모이기가 쉽지 않습니다. 대인께서는 원래 국내에서 신망이 드러났고, 임금님의 밀지까지 받아서 일을 시작했으니 이 일을 맡아 주셨으면 합니다." 하니, 정환직도 의진 총수로서 지금까지 의진을 총괄해 왔던 만큼 더 이상 사양하지 못하고 수락하였다.

1907년 9월 3일(양 10월 9일) 정환직이 진중으로 나아가 남은 군사들을 격려하니, 의병들은 그를 대장으로 추대하였다. 그는 "3백여 명의 의병들이 나에게 '우리들은 이제 수장을 잃어서 어떻게 할 도리가 없다'며, '부디 의병장이 되어 대장의 복수를 갚아 달라'는 간곡한 요구를 거절할 수 없어서 마침내 자식의 의지를 잇게 되었다."고 고백하였다. '자식의 의지'란 바로 "일본은 같은 하늘 아래 함께 살 수가 없는 원수"라는 것이었다. 전군은 정환직을 대장으로 추대하고 따랐다. 1907년 9월 3일(양 10월 9일) 그는 군사를 수습하여 진영을 재편성하였다. 그는 신병을 계속 모집하는 한편 군사훈련과 군령도 엄격히 하였다.

군사와 군량을 모집하다

입암전투의 참패로 장병들의 사기가 떨어지고, 지역으로 나갔던 부대들도 태반이 돌아오지 않아 의진의 모습은 크게 위축되어 있었다. 이에 정환직은 부장들과 의논하여 9월 3일(양 10월 9일)부터 9월 10일(양 10월 16일)까지 8일

동안 전군을 보현산 지대에 집결하도록 하고, 본진은 이 지역을 돌며 각지로 출장한 부대와 장정들이 돌아올 장소를 고시하였다. 영장들과 종사들은 각지로 나가 군사를 모집하고 적군의 정보를 탐지하게 하였다. 9월 12일(양 10월 19일) 밤 의진을 죽장면 하옥리 북동대산으로 옮기고, 청하·영덕·청송 등지에 전령을 보내 군량을 조달하게 하였다. 안으로는 군인 출신 우재룡·김성일·김치옥 등을 연습장으로 임명하여 새로 들어온 병사들을 훈련토록 하였다.

각지로 광고문을 보내다

산남의진 제2대 대장으로 추대된 정환직은 먼저 〈통유문〉을 지어 각지로 배포하였다. 여기서 그는 "우리 오백 년 종사는 우리 민족의 부모요, 이천만 동포는 우리 임금의 백성이다. 이런 관계로, 죽는 것이 두렵지만 하늘과 땅 사이에 정해진 법을 피할 수 없으며, 사는 것이 비록 소원이지만 짐승 같은 놈들에게 굴복하고 살 수는 없다. 이왕 죽을 바에는 의리에 죽을 것이지 어찌 살기를 바라서 의리를 저버릴 수 있으랴!"라고 하여 백성으로서의 도리를 강조하고, 이어서 "여러분에게 권고하노니, 서로 연락하여 귀천을 가리지 말고 열성으로 의진에 들어와 나무칼·대창이라도 가지고 원수를 박멸시키면, 이것은 나라에 다행한 일일 뿐 아니라, 내 집안도 모욕을 면할 수 있는 것이다."라고 하여 귀천을 가리지 말고 모두가 나서 원수를 갚고 치욕을 면하자고 하였다. 즉 나라가 어렵고 임금이 욕을 당하는 때를 맞았으니, 의리를 저버리지 말고 열성으로 의진에 들어와 국적 원수를 몰아내는 일에 모두 동참하자는 것이다.

한편 각 지역에서 활동하던 장령들에게 연락하여 군사와 군수품 및 군자금을 수집하여 북동대산으로 돌아오게 하였다. 《산남창의지》에 전하는 당시 상황은 다음과 같다.

김일언과 박문선은 청송에서 돌아와서 서종락과 연락해서 돌아오게 하였다. 홍우섭과 류화실은 동래 부산 등지에서 철도 공사장에 교섭하여 화약을 구해 돌아오고, 정춘일은 하양 등지에서 군인을 모집하여 돌아오고, 손선일·손양윤·손양상 등은 대구 등지에서 활약하여 서울의 소식을 정탐하여 돌아오고, 장성우·손기찬은 인동과 칠곡 지방에서 장정을 모집하여 돌아오고, 최기보·최치환 등은 죽장 등지에서 무기를 수집하여 돌아오고, 박광·김태환 등은 포항 등지의 정세를 탐지하여 돌아오고, 김성극·김진영 등은 의성에서 장정을 모집하여 돌아오고, 이종곤 등은 기계에서 돌아오고, 이규환 등은 진보에서 돌아오고, 정래의는 북안에서 이형표와 연락하여 돌아오고, 이규필은 안동에서 장정을 모집하여 돌아오고, 구한서는 영덕에서 장정을 모집하여 돌아오고, 이상호는 경주에서 중인을 모아 돌아오고, 최익문·정완성 등은 영천에서 중인을 모아 돌아오고, 이세기는 경주에서 장기를 거쳐 중인을 모아 돌아오고, 최세한이 연락되어 들어오고, 이규상이 연해로부터 해상 소식을 가지고 돌아왔다. 《산남창의지》(하), 1946, 10쪽)

이와 같이 청송, 부산·동래, 대구, 인동·칠곡, 죽장, 포항, 의성, 기계, 안동, 영덕, 흥해·청하, 경주, 영천, 연해 지역 등 경상도 전역으로 파견되었던 장령들이 군사와 함께 화약·탄약·군자금, 그리고 각종 정보를 수집하여 본진이 대기하고 있는 북동대산으로 들어왔다. 《산남의진유사》에는 이 내용보다 더 많은 내용이 기록되어 있는데, 이것은 후대에 와서 정리하는 과정에서 과장된 측면이 있어 보인다.

의진의 부서를 조직하다

본진은 입암전투를 겪은 다음날인 9월 3일(양 10월 9일)부터 9월 10일(양 10월 16일)까지 전 부대를 보현산 일대에 집결시켰다가, 9월 12일(양 10월 18일) 다시 대진을 북동대산으로 옮긴 뒤 의진을 새로 꾸렸다. 의진 부서 조직에는 대장 정환직 아래 중군장 이세기, 참모장 정순기, 도총장 구한서, 선봉장 우재룡, 후봉장 박광, 좌영장 이규필, 우영장 김치옥, 연습장 김성일, 소모장 김태환, 도장포 고찬, 좌익장 정래의, 우익장 백남신, 좌포장 임중호, 우포장 이규환, 점군검찰 안수원, 장영집사 이규상, 군문집사 김진영·임창규, 교외집사 박경화·허서기·정성욱, 참모집사 이두규·김상규, 장영수위 배연즙·김성극이 선임되었다. 이때 정환직의 종질 정순기가 인사 추천을 많이 도왔다고 한다.

제3차 의진 부서 편성에는 대장 이하 20여 개 부서에서 이세기·정순기·우재룡·이규필·김성일·정래의·백남신·임중호·김치현·이두규 등이 재기용되었으나, 신진 인물들도 많았다. 입암전투에서 많은 장령들을 잃어 새로 기용한 인물이 많았기 때문이다. 부서나 사람 이름이 간혹 다르게도 나타난다.《산남창의지》와《산남의진유사》에서도 우영장(김치옥과 김치현), 좌포장(김성극과 임중호), 군문집사(장성우와 김진영·김상규)의 이름이 다르며, 교외집사와 참모집사 등 부서도 더 추가되어 있다. 의진의 사정에 따라 변동이 있었을 것으로 보이지만, 문헌이 후대에 와서 정리된 경

제3차 산남의진 부서(정환직 대장) 충효재 현판

우 윤색이 되었을 가능성도 있어 보인다. 다만 우영장 김치옥과 김치현은 같은 인물인데, 한자 '옥鈺' 자와 '현鉉' 자를 혼돈해서 생겼던 문제인 듯하다.

이 밖에도 《진중일지》(I, 2010, 622쪽)에 따르면, 부서 조직에서 "전초장 임병호, 별동대장 안흥천, 진군지휘 홍구섭, 통모종사 정완성" 등의 부서 편제와 함께 "제1초장 조재술, 제2초장 남경숙, 제3초장 안흥천, 제4초장 김경문"이라는 전투부대의 성격이 드러나는 부대 편성 조직도 나타난다. 초장은 분대장에 해당되며, 1초는 10명 내외였다. 이러한 부대 편성은 의진이 그만큼 조직화되고 전투화되었던 것을 말해 준다.

지역 부대와 협조하며 정보를 나누다

정용기 대장 당시 지역에서 활동하고 있던 영장 가운데 사정에 따라 아직 본진으로 돌아오지 못한 경우도 있었다. 한 예로 북부 지역으로 나갔던 선봉장 홍구섭의 경우, 유격전을 펼치다가 적에게 안동으로 나가는 길을 차단당하여 돌아올 수가 없었다. 정환직 대장은 이러한 사정을 알고 선봉장 우재룡을 보내 돌아오도록 하였다.

정환직 대장은 강원·충청·경기 지역에서 활동하고 있는 의진과도 소통하려 애썼다. 이 무렵 경기 지방에서는 허위, 충청 지방에서는 이강년, 관동 지방에서는 민긍호 등이 일본군을 크게 놀라게 하고 있었다. 뿐만 아니라 강원-경상-충청도를 연결하는 지역에서는 박성화·신돌석·변학기·이춘양·류시연·강진선·정경태·성익현·이하현 등과 같은 이름난 의병장들이 대일항쟁을 이어가고 있었다. 정환직은 이들 의병장들과의 소통에도 노력하였다. 남부와의 연락은 윤부의尹富儀에게, 북부와의 연락은 김석정金石井이 맡도록 하였다. 이 무렵 신돌석 의진의 통모종사 신태종이 와서 영해의진의 동정을 알려주고 돌아가, 본진에서도 통모종사 정원성을 영해의진으로 보냈다.

또 그는 주변 지역의 정보 탐색에도 적극적이었다. 김학金鶴 등을 포항에 보내 그 지역을 정탐하도록 하고, 박동림朴東淋·박기동朴基東 등을 그곳의 연락책임자로 지명하여 내보냈다. 이때 최세한과 조성목趙性穆 등이 흥해 지방에 대한 정보를 보내 오고, 정환봉이 청하 지방의 정보를 보내 왔다. 정환직은 이러한 정보를 바탕으로 관동으로 북상을 계속 모색하였다.

2. 북상길을 트려고 혼신의 힘을 다하다

각지로 출진하여 전투를 벌이다

정환직은 의진을 꾸린 뒤 9월 10일(양 10월 16일) 무렵부터 본격적으로 활동에 들어갔다. 산남의진의 제3차 활동이다. 이때 의진은 영천 보현산과 청하 북동대산을 거점으로 하였다. 이곳은 청송·영덕·포항의 접경지로서, 진영을 분산·집합시키는 데도 적절할 뿐 아니라 일본군 토벌대의 기습에 대응하고 주변 지역을 통해 군사 정보와 군수품을 확보하는 데도 유리한 곳이었다. 더욱이 장병들 대부분이 이 지역 출신이어서 지형에도 밝고 주민들과도 낯설지 않았다. 정환직 대장 개인적으로도 흥해군 기계면 막실에 처가가 있고, 청하군 죽장면 상옥에 손수욱과 구칠서라는 두 동서가 있었다. 또 청하에는 친구 이순창이 있어 믿고 의지할 만한 곳이었다.

정환직 대장이 지휘하는 본진은 보현산과 북동대산을 거점으로 하면서 남동대산·구룡산·일월산·운문산·비학산·운주산·화산·향로산·토함산·팔공산·두봉산·갈라산·왕두산·문수산·장군봉·의봉산·금오산 등 각 지역에 1개 분대씩을 주둔시켜 유격전을 펼치되 본부의 조종을 받도록 하였다. 또 거동사·주사사·도덕사·운문사·불국사·용운사·보경사·청량사·지림사·개흥사·묘각사·동화사·은해사·인각사·수정사·파계사·고운사·백운사·각화사·불념사·해인사·통도사 등 모든 사찰에 연락하여 승통僧統들을 참모종사로 정해 위급할 때 도움을 받을 수 있도록 하였다.

정환직 대장은 김학 등을 먼저 포항으로 들어가 잠복하도록 하고, 이세기·박기동 등을 파견하여 김학과 연락하게 하였다. 그는 9월 22일(양 10월 28일) 본영을 지휘하여 궤령几嶺(청하와 흥해의 경계 지역)을 넘어서 흥해를 공격하여 적병을 사살한 뒤, 읍중에 비치된 군기 등을 확보하고 주민들을 위로하였다. 〈이석이 판결문〉(대구지방재판소, 1909년 10월 22일)에는, 이날 "이석이李石伊 등이 이끄는 부대는 흥해 우편국과 분파소를 불태우고, 우편국 소장

이치하라市原와 부인 지요千代 및 딸 다메爲를 살해하고, 그 곳에 보관된 돈 6백여 원과 총기 등을 빼앗았다."고 적고 있다. 그날 밤 정환직 대장은 흥해 학천리 도음산 천곡사泉 谷寺에 머물면서 최세윤과 후사를 의논했다고 한다.

정환직 대장은 다시 군사를 이끌고 흥해군 기계에 이르 렀다. 연락책임자 김학 등이 파악한 일본군 토벌대가 포항 에서 안강으로 들어온다는 소식에 정환직은 흥해군 기계면 도덕산 주둔 부대를 경주군 안강으로 진격하게 하고, 본부 를 형산강 주요 길목에서 대기토록 하였다. 그러나 일본군 은 영천 방면으로 도주하였다. 이어서 정환직은 영천 고경 면 용전리 추곡秋谷에 도착하여 영천읍을 공격하려 하였으 나, 영천에 지금 대구의 일본군 대부대가 들어와 있어 함부 로 접근할 수 없다는 정보를 접했다. 이에 따라 그는 영천 화북면 자천을 거쳐 영천군 신녕에 도착하였다.

1907년 9월 28일(양 11월 3일) 정환직은 의병 약 50명을 지휘하여 신녕분파소에 들이치니 순사와 순검들이 대항하 다가 도주하였다. 분파소에 보관된 총기 60여 정을 확보하 고, 분파소와 순검의 집을 불태웠다. 《산남창의지》에서는 이때 확보한 무기를 "1개 군에서 거두어 둔 군기 4백여 종" 이라 하였다. 의병이 신녕을 공격하고 주민들을 위로하자

스스로 의병에 지원하는 사람이 많았다. 정환직은 좌포장 임중호에게 그들의 신병을 인솔해 경주군 건천읍 송선리 주사산성朱砂山城(일명 부산성富山城) 훈련장에서 훈련시키도록 하였다.

영천군 화산면 화산 책임자 조상환이 의흥읍을 정탐한 정보를 본진으로 전해 오자, 9월 29일(양 11월 4일) 의병 약 1백 명은 의흥을 향해 진격하였다. 서문 밖에서 복병과 충돌하였는데, 격전을 벌인 끝에 읍내를 점령하니 적이 사체를 버려두고 도주하였다. 의흥분파소와 기타 건물 등을 불태우고, 총기 49정을 확보하고 나서 그날 밤 회군하였다. 이때 확보한 무기가 일본 측의 기록에는 "총기 49정"이라고 되어 있는 것과 달리, 《산남창의지》에는 "군기 150여 정"이라 하였다. 의흥에서 모집된 신병은 무기와 함께 화산산성 훈련장으로 보내졌다.

이어서 의성 단촌면 갈라산 책임자 박태종이 의성읍을 정탐한 소식이 들어왔다. 의성읍으로 진격해 보니 적이 군수품 등을 숨기고 도주하였기에, 적의 분파소 및 기타 관련되는 건물 등을 불태웠다고 한다. 정환직 대장은 각 지역 분대들에게 전령하여 북진할 것을 지휘하였다. 또 손양윤 등이 대구 지방의 정탐 소식을 알려왔다. 그에 따르면 일본군은 대부대를 동원하여 의진을 추격하게 하고, 또 각지에 배정된 일본군 토벌대의 수도 몇 배씩 증원시켰다고 한다.

보현산 기슭 유전전투에서 크게 패하다

1907년 10월 2일(양 11월 7일) 무렵 정환직은 본진을 이끌고 청송 지방에 도착하였는데, 탄약이 완전 고갈되었고 일기도 고르지 못하였다. 청송 두방斗坊에 도착하니 그날 밤부터 폭우가 쏟아지기 시작하여 이튿날 저녁까지 계속되어 꼼짝도 할 수가 없었다. 10월 3일 정환직은 본영 130여 명을 이끌고 청송군 현남면 유전동 보현산 기슭 유전楡田(지금의 현서면 무계리 유전)으로 나왔는데, 탄약은 떨어지고 비는 계속 내리는 상황이었다. 이때 청송에서 의성으로 정탐을 가던 일본군 청송수비대 사카이酒井 군조 이하 10명으로 구성된 정찰대의 공격을 받았다. 의진은 패하고 청하 방면으로 물러났다. 이 전투에서 무기 131정을 빼앗기고 초장 조재술이 중상을 입어 의성군 소야면(현 군위군 효령면) 고향집으로 돌아갔다. 또 파수병 2명도 전사하였다. 정환직 대장은 김성극·이규환·박광 등 여러 장령들의 도움으로 높은 봉우리를 넘어 포위망을 겨우 벗어났다. 이 전투

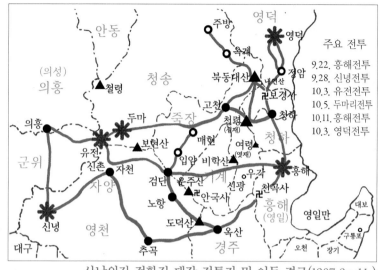

산남의진 정환직 대장 전투지 및 이동 경로(1907. 9.~11.)

에서는 탄약도 탄약이지만 빗속이어서 화승총이 작동되지
않아 결국 전군이 패주할 수밖에 없었다.

　정환직 대장을 비롯하여 흩어진 장령들은 10월 5일(양
11월 10일) 추격하는 일본군의 포위망을 뚫고 보현산 기슭
의 청하 죽장면 두마리斗麻里에 집결하였다. 정환직 대장은
여러 장령들에게 "지금 진중에는 탄약이 다 떨어졌고 일본
군은 대부대가 뒤에서 쫓아오니, 적을 유인하여 적세를 분
산시키는 것도 하나의 계책이다."라고 하고, 정순기 이하 여

러 장령에게 각기 일대를 인솔하여 청송 진보 쪽으로 들어가서, 한편으로는 적을 유인하고 한편으로는 탄약 등을 속히 구해 보내도록 하라고 하였다. 대장은 친히 대군을 이끌고 기계에 이르니 우익장 백남신이 장정 수백 명을 모아 먼저 돌아왔다.

이처럼 의진은 북동대산에 진을 친 뒤 1907년 9월 22일(양 10월 28일) 흥해, 9월 28일 신녕, 9월 29일 의흥 등지를 공격하여 나름의 성과를 거두었다. 그렇지만 10월 3일 청송 현남면 유전전투에서 크게 패하고, 추격하는 일본군의 포위망을 뚫고 10월 5일 청하군 죽장면 두마리로 빠져나와 대책을 논의한 끝에 의진을 나누어 일대는 청송 진보로, 일대는 흥해 기계로 나가 일본군을 유인해서 분산시키는 동시에 탄약을 구하도록 하였다.

각지의 형세가 점점 더 불리해지다

10월 5일(양 11일 10일) 청하군 죽장 두마리에서 의논된 결정에 따라 정환직 대장은 적의 세력을 분산시키기 위해 의진을 나누어 내보내고, 본부를 보현산 기슭 죽장면 두마리에 정하고 각지의 정보를 수집하였다. 무엇보다 가장 시급한 것은 탄약 확보 문제였다. 정환직이 이끄는 본진은 지금 당장 적을 만나도 탄약이 없어 어찌할 수가 없는 지경이었다.

이전에는 비밀리에 철도 인부들과 접촉하여 부산-대구 사이 철도 공사용으로 사용하던 화약을 들여오기도 하였으나, 일본군의 단속이 몹시 극심해지면서 전혀 이용할 수 없게 되었다. 또 전에는 민간 곳곳에서 화약과 탄환을 제조하여 의진으로 보내주던 사람들이 많았는데, 지금은 그것이 발각되면 그 마을 사람들이 몰살되고 동네가 잿더미가 되는 보복을 당하였다. 이전에는 화약과 탄환을 제조하던 기술자들이 더러 있었지만, 지금은 학살당하거나 행방을 감추었기 때문에 더 이상 민간제조품을 구하기란 사실상 불가능했다.

반면 의병을 쫓는 일본군은 규모도 컸다. 토벌대를 조직해서 의진을 쫓는 것은 말할 것도 없고, 고을이 1백 호 정도만 되어도 토벌대 1개 부대씩을 주둔시키고 수색과 감시를 강화하였다. 더구나 일본군이 관동으로 북상하는 통로인 청송 방면의 수비를 강화하고 있어 의진은 이곳을 통과하기가 더욱 어렵게 되었다. 그리하여 우선 탄약이라도 준비한 뒤에 다시 계획을 정하기로 하였다.

여러 장령들에게 탄약과 군자금을 마련하게 하다

정환직 대장은 정순기·백남신 등에게 각각 일대를 이끌고 나가 일본군을 유인하면서 탄약을 구해 오도록 하였다. 또 탄약 제조를 위해서 최치환은 북동대산, 홍구섭은 보현산, 김성일은 운문산, 박광은 남동대산, 이규환은 팔공산, 이규필은 주사산, 조상환은 화산, 안수원은 운주산으로 각 일대를 이끌고 가서 탄약을 제조하여 기한 안에 돌아오도록 하였다. 또 정래의·박동림 등을 흥해·청하 지역에, 정치우·이두규 등을 영천 지역에, 정성우·김진영 등을 인동·칠곡 지역에, 이종곤·이규상 등을 경주 지역에, 이형표·김진형 등을 청도·밀양 지역에, 정춘일·손양상 등을 하양·자천·경주 지역에, 남석우·윤무건 등을 청송·진보 지역에, 박경화·최익문 등을 군위·의성 지역에, 손양윤·조경옥 등을 안동 지역에, 허열·김상규 등을 대구 지역에 파견하여 유세로써 주민들의 협조를 얻어 군자금을 모금하도록 하였다.

전해오는 이야기로는, 화약은 원료로 솥검정[百霜子]과 담배줄기[煙草莖]를 수집하여 담배줄기를 불태워서 솥검정과 혼합하여 만들고, 고철 파편을 수집하여 흙 독에 넣고 불을 지펴 녹인 액을 땅에 흩뿌리면 콩알 모양(대두형)의

탄환이 된다. 화승火繩의 원료는 잿물에 6~7회씩 담궈 부드럽게 한 마 껍질로 만든 노끈이었다고 한다.

최세윤을 후계자로 지명하다

군자금 모집을 위해 각지로 파견되었던 유세 책임자들이 돌아오고, 탄약 제조에 나섰던 각 지역 분대로부터 군수품이 보급되어 들어왔다. 적병을 유인하기 위해 나갔던 백남신은 청송에서 대참패를 당하면서도 적을 영양으로 유인하고 장정 수백 인과 무기 등을 모집하여 돌아와 의진의 사기를 크게 돋우었다. 정순기는 봉화에 도착하였다가 춘양에서 접전하였으나 패하고 안동 지역으로 물러나 있었다. 정환직은 김일언과 정완성을 오만하고 무례하다는 죄[驕悍之罪]로 군법을 적용하려 했으나 그동안의 공로를 참작하여 벌을 감하여 다스렸다고 한다.

정환직은 흥해군 신광면 우각동 마을 주민의 제보를 받고 출동하여 화적 무리 4명을 사살하였다. 이어서 10월 11일(양 11월 16일) 흥해분파소를 습격하여 일본인 순사와 한인 순검을 살해하고 분파소 및 관련 건물들을 불태웠다. 이에 대해서 《진중일지》 1907년 12월 18일자에서는 "11월

16일 홍해군 신광에 주둔하는 정완전 수장이 우재룡 부장과 함께 홍해읍을 습격하여 분파소를 불태우고 일본 순사 1명과 한국인 순검 1명을 살해하였다. 정완전과 우재룡은 일본인의 금전을 빼앗은 뒤 정완전은 장기로, 우재룡은 대구로 도주하였다."라 하였고, 〈이석이·김선일 판결문〉(대구지방재판소, 1909년 10월 22일)에서는 "피고 김선일은 재물을 빼앗을 목적으로 2백여 명의 무리를 인솔하여 동년 11월 16일(음 10월 11일) 총과 칼을 휴대하고 홍해읍내에 난입하여 그곳 분파소에 근무하는 순사 일본인 곤지權次와 순검 정영필을 살해한 후 총검을 빼앗았다."라고 기록하고 있다.

그런데 같은 《진중일지》의 다른 일자에서 일본군은 "지난 16일 홍해를 공격한 정환직이 해산군인 출신 약 30명을 포함한 의병 1백여 명을 지휘하여 청하읍내를 공격하고, 사망한 정관여의 아들 정모씨가 이끄는 2백 명과 합하여 보경사 방면으로 도주하였다."고도 하였다. 정리하면 정환직은 본진 약 1백여 명을 지휘하여 홍해읍을 공격하였고, 부장 정완전도 약 2백 명을 이끌고 홍해분파소를 습격한 뒤 함께 보경사로 물러났다는 것이다.

정환직 대장은 10월 11일 홍해읍을 공격한 뒤 북으로 나가기 위해 본진을 2대로 나누어 청하를 공격하고자 하였다. 그런데 이때 읍내에서 연락이 오기를 "청하에 주둔한 일본군은 낮에는 바다로 들어가고 밤에는 분파소로 들어오는데, 바다에 일본군 병선이 두 척이나 있다."고 하였다. 정환직 대장은 적들이 들어오는 밤 시간을 기다리기로 하고 청하 주변에 매복하였으나, 갑자기 큰 비가 내려 뜻을 이루지 못하고 송라면 보경사로 갔다. 이때 최세윤이 정환직 대장을 모셨다. 이튿날 10월 12일에도 큰 비가 내렸다. 그래서 본영이 보경사에 머무를 수밖에 없었는데, 이때 정환직 대장이 여러 장령들을 모아 놓고 그 앞에서 "나의 뒤를 이어 책임을 맡을 사람은 최세윤이다."라고 선언하였다. 자신이 노장이라 변고가 생길 것에 대비해서 최세윤을 후계자로 지명하였던 셈이다. 때아닌 장맛비는 5~6일이나 계속되었다고 한다.

한편, 김상규를 청송으로 보내 연락하니 이세기가 화약을 구하여 돌아왔다. 보경사에서 시일이 지체되면서 군기가 누설되어, 결국 청하 공격을 포기하고 영덕 지방으로 올라갔다. 의진은 탄약이 떨어졌음을 청송 서종락 등에게 연락하고 영덕 유암酉巖으로 회군하였다.

일본군이 백발 노인으로 칭하다

1907년 11월 1일(양 12월 5일) 정환직이 이끄는 의병 약 130명이 영덕군 달산면 주응동 주방周坊에서 일본군 영덕 분견대를 야간에 습격하여 깨트렸다. 그러나 11월 2일 새벽에 일본군의 기습으로 제2초장 남경숙이 전사하였다. 의병들은 흥해군 서부면 마산馬山, 지금의 포항시 흥해읍 마산리로 퇴각하였다. 《진중일지》(I, 2010, 592쪽)에서는 일본군 보병 제14연대 제11중대장 영천수비대장 니시오카 대위가 "영덕분견대에게 격파되어 마산 부근으로 모인 적은 그 수가 약 130명인 것 같다. 그 적괴의 이름은 알지 못하나, '백발 노인'이라고 말하는 것으로 보면 정환직이다."라고 보고한 기록이 있다. 당시 일본군에게 '백발 노인은 정환직'으로 알려져 있었던 것이다.

정환직은 남경숙의 전사에 격분하여 11월 3일 아침, 부하 83명을 데리고 영덕을 3대로 나누어 포위 공격하였다. 이때 무기 28정을 빼앗고, 정암靜巖에 도착하여 적의 척후 1명과 순사 1명 등 2명을 사살하였으며, 이어서 유암에 도착하여 다시 적의 척후 1명을 포살하였다. 또 영덕군 남정면 도천에서 적이 추격한다는 정보를 받고 도천 숲에 매복하였다가 일본군 4명을 포살하고 영덕읍 분파소와 관계 건물 등을 불태웠다. 이에 일본군은 사체 4구를 버려두고 동문을 통해 바닷길로 도주하였다. 이 전투에서 도포장 고찬에게 적이 도주할 길목에 매복하였다가 격파할 것을 명령하였으나, 그가 늦게 도착하여 적을 놓치고 말았다. 정환직 대장은 그를 군법으로 목을 베었다.

영덕 해상에서 일본군 병선이 들어온다는 정보가 있었으나, 진영에 탄약이 떨어진 까닭으로 정환직은 청하 지방으로 회군하였다. 각지의 정보를 수집한 결과, 일본군 토벌대가 산남의진을 목표로 동해 방면으로 집중 공격을 시작하였음을 알게 되었다. 포항 해상에서 적의 병선 십여 척이 북상하고 있으며, 청송에서 적병 수백 명이 해안 방면을 목표로 출발하였고, 또 안강·기계 등지에서도 적병 수백 명이 들어온다고 하였다.

정환직이 이끄는 본진은 청하군 서면 금정리金井里(지금의 포항시 북구 청하읍 서정리西井里)에 도착한 한밤중에 적군과 접전하였으나 탄환이 떨어져 어쩔 수 없이 퇴각하였다. 다행히 사상자 없이 북동대산으로 회군하였다. 이 무렵 정순기에 대한 연락이 왔는데, 안동에서 돌아오다가 의성읍을 격파하고 보현산으로 돌아왔다는 것이었다.

전국 의병의 서울진공작전으로 일본군 수비대가 강화되다

의병전쟁이 확산되는 가운데 점차 의병부대 사이에서 전
국의병연합전선이 형성되어 갔다. 연합된 의병으로 서울을
들고쳐 통감부와 일본군을 몰아내고 자주권을 되찾겠다는
것이다. 이 작전을 주도한 사람은 관동창의대장 이인영李麟
榮, 1868~1909이었다.

서울진공작전이 준비될 무렵인 12월 초부터 일본군 수
비대에도 큰 비상이 걸렸다. 경북 지역 의병 토벌대는 경북
동해안 일대에서 줄기차게 투쟁을 하고 있는 정환직을 체포
하고자 혈안이 되었다. 당시 의병 토벌대는 일본군 수비대,
일본군 헌병대, 경찰대 등이 단독 또는 합동으로 조직되었
다. 《진중일지》(I, 2010, 567쪽)에 따르면, 왜관수비대 제2
중대장 후시노節野 대위는 정환직 부대를 토벌하기 위해 경
상북도 경무고문부에 경찰 병력의 원조를 요청하였다. 이에
따라 1907년 10월 29일(양 12월 4일)자로 영천수비대에 우
메자키梅崎 경부 이하 순사 5명과 순검 15명, 군위수비대에
순사부장 1명, 순사 4명, 순검 5명, 청송수비대에 안동주재
소 곤도近藤 경부 이하 수 명, 경주수비대에 경주주재소 마
쓰나가松永 경부 이하 수 명, 영일수비대에 포항주재소 울

진분서 구메久米 경부 이하 10여 명이 보강되었다. 한 마디로 각 지역 수비대에 경찰 병력을 크게 늘렸다는 말이다.

이렇게 일본군 의병 토벌대가 통감부의 지원을 받아 가며 그 세력을 크게 강화시켜 간 것과 달리, 의진은 탄약과 장비가 고갈되고 장병들의 사기마저 급격히 떨어지고 있는 처지가 되었다. 더군다나 1907년 9월, 일본군 주차군 사령관에 의해 〈한국민 일반에 대한 고시〉가 공포되었다. 〈폭도사편집자료〉(《독립운동사자료집》 3, 671쪽)에 따르면, "한국 황제의 성지를 받들어 의병을 격멸해서 민중을 도탄에서 구하려고 한다."는 목적을 밝히고, 의병에 대해서는 "귀순하는 자는 감히 그 죄를 묻지 않고, 또 의병을 포박하거나 그 소재를 알리는 자에게는 반드시 큰 상을 줄 것이나, 만약 그렇지 못하고 의병에 투신하거나 또는 의병을 숨겨주거나 혹은 무기를 숨기는 자는 가차 없이 엄벌에 처할 뿐 아니라, 그 책임은 현행범의 촌읍으로 돌려 마을 전체를 엄중하게 처치할 것을 깨우치게 한다."는 일본군 주차군 사령관의 협박 때문에 의병들이 더 이상 민중들의 협조나 지원을 기대하기 어려운 상황으로 변해 갔다.

정환직 대장 또한 목표인 '관동으로의 북상'은 말할 것도 없고, 눈앞에 있는 적과 싸우기에도 지친 상태였다. 이제

의진은 일본군의 막강한 화력 앞에서 결단을 내려야 하는
처지가 되었다.

개별적으로 변장하고 관동으로 북상할 것을 명하다

정환직 대장은 1907년 11월 4일(양 12월 8일) 청하군 죽
장면 각전角田, 현재의 포항시 북구 죽장면 상옥 뿔밭에서
여러 장령들을 소집하고 다음과 같이 분부를 내렸다.

"지금 진중에 군수품 등이 끊어졌고 각지로 파견된 부
대들도 원료를 구하지 못해 탄약을 제조하지 못하고 있
다고 한다. 그래서 우리가 빈손으로 사방에서 포위해 오
는 적병들과 싸울 수도 없고, 또 귀중한 생명을 무의미하
게 잃어서도 안 될 것이다. 그렇다고 아무런 성과도 없이
무조건 포기할 수도 없으니, 죽을 각오를 하더라도 이 활
동을 멈출 수는 없는 것이다. 따라서 특단의 조치를 하
지 않을 수 없는 것이다. 지금은 탄약도 구하기가 전과
같지 않고, 이 지역에서는 활동조차 하기 어려우니, 나
는 의진을 관동 지방으로 옮길 작정이다. 그 이유는 우
리가 영남 지방에서는 더 이상 싸우기 어렵게 되었으니,
관동에 들어가면 그곳에는 험준한 산지가 많은 곳이라,
그 요지를 의지하여 서울길을 찾으면서 싸울 것이다. 그

렇게 하자면, 너희들은 각 지방으로 가서 그 지방의 분대들과 협조해서 함께 관동으로 가도록 준비하여라. 나는 먼저 관동에 들어가서 지리 관계와 기타 필요한 점을 시찰해 두고 각 부대들을 기다릴 터이니, 너희들은 혈심사력을 다하여, 이 나라 백성된 의무에 부끄러움이 없도록 관동에 집합하여 처음 결심한 마음이 달성되도록 맹세해야 할 것이다." 하니 여러 군사가 모두 찬성하였다.

《산남의진유사》, 1970, 171쪽)

정환직 대장은 이렇게 관동에서 만날 약속을 정하고 각 분대들을 차례차례 각 지방으로 나가게 하였다. 이때 장병들을 상인·광부·농부 등으로 변장하여 출발하게 하였다. 정환직은 차남 옥기가 따르기를 간청하자, "형 용기의 무덤을 가서 돌보고, 가족들이 있을 만한 곳을 찾아서 가 있거라!" 하고 내려보냈다.

정환직이 진용을 흩어서 소부대 또는 개별적으로 복장을 농부나 상인 또는 광부 등으로 바꾸어 입고 관동으로 올라갈 것을 명하였는데, 이때 무기는 모두 땅에 묻었던 것으로 보인다. 일본군 보병 제14연대의 〈신문서訊問書〉에서 그는 당시의 사정을 "청하로 회군한 이후 경주로 갈 예정으로 영덕군의 여러 지역을 돌며 기회를 보던 중, 본영이 일본군으로부터 포위되었다는 사실을 알고, 1907년 11월 4일(양 12월 8일) 청하군 각전에서 의진을 해산하고, 총기는 땅에 묻었다."고 하였기 때문이다.

정환직은 청하 죽장 각전에서 군사를 모두 해산한 것처럼 하고, 낮에는 산속에 숨어 있다가 밤을 이용하여 죽장 고천 방면으로 이동하였던 것 같다. 11월 5일(양 12월 9일) 정환직은 의병 20여 명을 이끌고 청하읍 방면으로 나갔다. 이날은 이석이가 의병 2백여 명을 이끌고 청하읍을 공격하던 날이었다. 정환직은 청하읍을 지나 청하군 서면 금정리 金井里(지금의 포항시 북구 청하읍 서정리西井里)를 통과하다가, 갑자기 일본군과 맞부딪혀 부하 8명이 전사하는 불행을 겪었다. 그는 남은 병사 10여 명을 해산하고 6명만 데리고 청하군 죽장면 고천, 곧 상옥으로 갔다. 그곳에는 두 동서가 살고 있었다.

3. 청하 고천에서 잡혀 영천에서 순국하다

일본군 우익대의 추격을 받다

정환직 대장은 부하 6명을 데리고 11월 6일(양 12월 10일) 청하군 죽장면(지금의 상옥2리)의 손아래 동서 손수욱이 사는 집을 찾아갔으나, 그날이 마침 동서 조부의 제삿날이어서 부득이 그곳에서 2킬로미터 남짓 떨어진 상옥1리의 막내 동서 구칠서의 집으로 가서 하루를 묵게 되었다. 이때 부하 6명은 상옥1리와 2리 사이에 있는 턱골 바위고개에서 파수를 섰다. 이곳은 사람들이 걸어서 넘어야 하는 천혜의 요새지로, 매복하기에 아주 좋은 장소였다.

이튿날 11월 7일(양 12월 11일) 새벽에 점괘를 빼 보았는데, 사방이 빽빽이 막혀 도저히 솟아날 구멍이 없다는 괘가

정환직 대장이 체포되었던 돌곡지가 있는 곳으로 추정되는 턱골 전경

포항 38km
Pohang

68

청하 19km
Cheongha

턱골 바위고개 전경

상옥1리와 2리의 경계 부근. 도로 건설로 고개가 도로로 바뀌었다.

나왔다. 그는 만일을 생각해서 서둘러 구칠서의 집을 나와 북쪽으로 약 5백 미터 떨어진 턱골 바위고개로 갔다. 그렇지만 일본군은 이미 상옥리 북쪽에서 턱골 쪽으로 내려오고 있었다. 당시 청하 부근 의병 토벌대는 일본군 보병 제14연대 제11중대의 니시오카 부대였다. 니시오카 대위는 제14연대 제11중대장인 동시에 영천수비대장이었다.

정환직 대장이 붙잡힌 과정은 《진중일지》(I, 2010, 617~619쪽)에 잘 나타난다. 먼저 12월 18일자의 〈11월 7일(양 12월 11일) 니시오카 부대의 적괴 정환직 생포에 대한 상보〉를 보면, 니시오카 대위는 11월 5일(양 12월 9일) 부대를 우익대(스나모토砂本 특무조장 이하 15명), 중앙대(니시오카 대위 이하 12명), 좌익대 3대로 나누어 청하 지역 일대를 합동 수색하였다. 우익대는 11월 5일(양 12월 9일) 영덕 달산 옥계, 옥녀암을 거쳐서 죽장 신기에, 6일 죽장 하옥 배지미 마을인 양령陽嶺을 지나서 보경사에, 7일 청하 중대에 도착하였다. 중앙대는 11월 5일(양 12월 9일) 봉전鳳前을 지나 장사에, 6일 장사면 지경리 경동을 지나 보경사에, 7일 청하에 도착하였다. 좌익대는 11월 5일 영덕 달산 주방을 거쳐 매화동을 지나 우회하여 중앙대와 연계하여 행동하였다.

또 합동 수색대 가운데 우익대는 "11월 6일(양 12월 10일)

오후 1시, 옥계 계곡 끝자락인 영덕군 달산면 옥계동, 일명 옥녀암 마을에서 정환직의 부하 이봉수李鳳守와 박기원朴基元을 체포하였다." 이들은 소단위로 북상하라는 정환직의 명에 따라 죽장 각전에서 옥계 계곡을 거쳐 북상하다가 니시오카 부대 우익대에게 붙잡힌 것이다. 니시오카 대위는 스나모토의 우익대에게 잡혀온 이들을 고문하여, "11월 4일 (양 12월 8일) 정환직은 일본군이 각 방면에서 계속 포위해 오는 것을 알고 부하를 모두 해산했다. 낮에는 산속에 숨어 있다가 밤을 이용하여 옥녀암 서남쪽 약 3리 지점에 있는 고천 부근의 인가로 갔다."는 정보를 얻어 냈다. 그렇지만 일본군은 '고천 부근 인가'가 바로 정환직의 두 동서네 집이라는 것까지는 알아내지는 못했을 것이다. '고천高(古) 川'은 '고내'라고도 하며 상옥리를 말한다.

죽장면 고천에서 스나모토 특무조장의 척후대에게 붙잡히다

정환직 대장의 정보를 파악한 우익대 스나모토 특무조장은 이날 "11월 6일(양 12월 10일) 오후 1시 바로 출동하였다. 오후 5시에 죽장면 하옥 마두전馬頭田에서 숙영하고, 이튿날 11월 7일 오전 4시 30분에 다시 출발하여 청하군

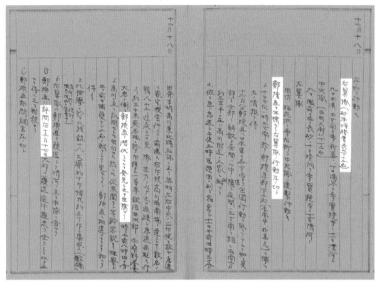

정환직 대장 체포 보고 기록

《진중일지》 I. 2010. 619쪽.

죽장면 고천, 곧 상옥마을 동북쪽 끝자락 솔밭(지금의 포항시 북구 죽장면 상옥2리 솔밭)에 도착하였다. 오전 5시 30분 날이 밝아오자 우익대는 좌·우·중앙 3대의 척후를 풀어서, 상옥 계곡에 있는 90여 호의 민가를 급히 수색하기 시작했다. 우척후가 상옥마을 서남쪽 끝에 도착하자 수명이 산으로 달아나기 시작했다. 우익대 주력부대는 이를 보고 신속하게 추격을 하였다."(《진중일지》 I, 2010, 619쪽)

정환직의 명을 받고 상옥리 턱골 바위고개에서 보초를 서고 있던 의병들 가운데 몇 명은 일본군 니시오카 부대 우익대가 들어오는 것을 보자 지레 겁을 먹고 산등성을 향해 도망치기 시작했고, 이를 본 일본군이 그 뒤를 쫓아왔다. 남아 있던 세 명은 대장을 지키기 위해 끝까지 항전하였으나 모두 전사하였다. 그 사이 정환직도 얼마간 피신하였으나 뒤쫓아 오는 스나모토 특무조장의 척후대에게 잡히고 말았다. 이 상황을 《진중일지》에는 "주력부대가 약 3천 미터를 추격해 돌곡지突谷地에 가서 보니, 척후병 일등병인 가지요시 지로鍛冶由次郎와 도쿠와노 하루키치同桑野春吉 두 명이 큰 바위 옆에 정환직이 있는 것을 발견하고 붙잡아 놓고 있었다. 그때가 오전 8시 40분이었다."고 기록하였다.

정환직은 일본군 니시오카 부대 스나모토 특무조장이 지휘하는 우익대의 척후대에게 잡힌 것이다. 그는 고천으로 끌려가 자백을 강요받았지만 아무런 대답을 하지 않았다. 일본군은 이미 알려져 있는 나이와 생김새로 미루어 그가 정환직일 것이라고 짐작만 하다가, 전날 붙잡힌 이봉수와 박기원에게서 그가 정환직이라는 사실을 알아냈다. 정환직 대장은 우익대 스나모토 특무조장에게 잡혀 청하에 있는 제11중대로 끌려가 중대장 니시오카 대위의 심문을 받았다.

산남의진 항일순국 무명삼의사총

손무호孫武鎬, 78세, 상옥2리 333번지 옹이 2018년 8월 14일 증언하였다.
죽장면 상옥리 1468-1번지 소재.

일본군은 이날 사살한 의병 시신 3구를 형체도 알아볼
수 없을 정도로 훼손한 채 방치하고 떠났다. 일본군이 떠난
뒤 마을 주민 몇 사람이 틱골 큰바위 주변의 시신을 거두
어 현장에 각각 묻어 주었다. 이들은 대장을 끝까지 지키다
가 전사한 무명용사로 남아 있다. 이들 3인의 묘는 1965년
4월 이곳에 도로가 생기느라 큰바위가 해체되면서 근처로
이장되었고, 그 옆에 작은 비석 하나도 세워졌다. 비석 앞면
에는 '산남의진 항일순국 무명삼의사총'이라고 새겨져 있다.

대구로 호송되며 임종시를 남기다

1907년 11월 7일(양 12월 11일) 아침, 정환직이 동서 구칠서의 집을 나서서 턱골 큰바위 매복지를 향해 가는데 갑자기 총소리가 사방에서 울려퍼졌다. 얼마간 피한다고 피했으나, 일본군이 뒤쫓아오는 것을 끝내 피하지 못하고 잡히고 말았다. 《진중일지》(I, 2010, 624쪽)의 일본군 제14연대 〈신문서〉에서 그는 "11월 6일(양 12월 10일) 산중에서 숙박하고, 11월 7일 날이 밝아 고천에 도착하였지만, 촘촘히 그물을 치듯 빠져나갈 수 없이 쫓아오는 일본군 스나모토의 토벌대에게 붙잡히는 몸이 되었다."고 하였다. 동서 구칠서에게 미칠 영향을 고려해서 그의 집에서 머물렀다는 이야기는 하지 않았다.

또 《진중일지》(I, 2010, 593쪽)는 "스나모토 특무조장이 거느린 우익대는 11월 7일(양 12월 11일) 오전 8시 40분 청하군 죽장면 고천에서 폭도의 수괴 정환직을 생포함에 따라 토벌대는 내일 귀환, 정환직은 대구에 호송, 상세한 것은 스나모토 특무조장을 정환직과 함께 대구에 파견하여 보고함"이라 하였다. 여기서 제11중대장 니시오카 대위는 정환직 대장을 체포했던 스나모토 특무조장에게 정환직 대장을 연대본부가 있는 대구로 호송하도록 업무를 배당했다는 것을 알 수 있다. 그러나 결론부터 말하자면, 정환직 대장은 스나모토 특무조장의 호송을 받아 대구로 가는 도중 영천 남교에서 총살당하였다.

이상으로 볼 때, 정환직 대장이 붙잡힌 시간은 11월 7일(양 12월 11일) 오전 8시 40분, 장소는 청하군 죽장면 고천동 돌곡지, 출동한 일본군은 보병 제14연대 제11중대 니시오카 부대의 우익대 스나모토 특무조장이 거느린 척후대였다. 체포 시기와 장소, 대구 호송 문제 등에 대해서는 문헌에 따라 약간의 차이도 있지만, 일본군 토벌대의 전투기록이 보다 정확할 것 같아 이를 따랐다. 고천동 돌곡지의 위치는 아쉽게도 확인하지 못하였다.

그는 잡혀서도 태연하고 늠름하였으며, 오히려 적을 꾸짖는 모습이 건장하였다고 한다. 일본군은 온순한 태도로 마차를 준비하여 그를 태우고 청하에 있는 제14연대 제11중대로 데려갔다. 정환직은 청하에서 심문을 당한 뒤, 다시 청하를 출발하여 해안 일대를 거쳐 포항·경주·영천 등 각 읍의 분파소를 지날 때마다 신문訊問을 받았다. 그가 도로변의 시장과 고을을 지날 때마다 백발노장으로 누런 관복인 아관조복峨冠朝服(궁중을 출입하는 복장)을 한 채로 마

상에 앉아 있는 의기로운 모습에 이를 보는 사람들이 눈물
을 흘렸다고 한다.

의진에서는 정환직 대장이 체포되었다는 소식을 듣고,
이세기 등이 날쌘 병사 수십 명을 뽑아 하양으로 달려가
물덤이, 곧 경산군 하양면 은호동隱湖洞 물뜸이 강가에 매
복하여 대장이 지나갈 때 기다렸다가 그를 구하려 하였으나
일본군이 오지 않는 바람에 뜻을 이루지 못하였다고 한다.
적병들은 여러 고을을 거치면서 온갖 회유를 다 하였으나 그
는 끝내 응하지 않았다고 한다.

그는 잡혀 호송당하면서 이미 임종이 가까웠음을 느꼈음
인지 〈임종시〉를 남겼다.

몸은 죽어도 마음은 변치 않으리   身亡心不變
의리가 무거우니 죽음은 오히려 가볍구나.   義重死猶經
뒷일은 누구에게 부탁할꼬   後事憑誰託
말 없이 앉아 긴 밤을 지새노라.   無言坐五更

이는 산남의진의 총수이자 제2대 의진대장이었던 정환
직이 앞으로 닥칠 나라의 장래를 생각하면 잠을 이룰 수가
없다는 우국의 심정을 읊은 것이다. 이와 달리 일본군에게

〈임종시〉	〈옥중 술회〉
《산남창의지》 (하), 1946, 14쪽.	《진중일지》 I, 2010, 624쪽.

잡혀 있을 때 쓴 것으로 보이는 〈옥중 술회〉라는 시도 있는
데, 내용은 다음과 같다.

집안은 망하고 몸은 이미 갇혔으니 　　　　家亡身已擒
비로소 이런 마음 가진 것이 후회된다. 　　始悔此心存
지금 가면 돌아오지 못할 것을 알지만 　　今行知不歸
한 가지 생각은 어린 손자가 있음이라. 　　一念在幼孫

앞의 〈임종시〉가 정환직이 의진을 이끌던 대장으로서 나라를 생각하는 우국충정憂國衷情의 기상을 보여주는 것이라면, 이 〈옥중 술회〉라는 글은 한 집안의 가부장으로서 가족에 대한 연민의 정을 담고 있는 것이 아닌가 싶다. 여기서 '어린 손자'는 태어난 지 아직 석 달도 안된 정용기 대장의 넷째아들 태용을 두고 말한 것 같다.

영천 창구동 남교에서 순국하다

정환직은 1907년 11월 7일(양 12월 11일) 일본군에게 체포된 뒤 여러 차례에 걸쳐 귀순을 권고받았으나 끝내 거부하였다. 그는 동해안 연안 각지를 거쳐 대구로 호송되던 중 11월 13일(양 12월 17일) 영천 남교에서 '탈출을 시도한다'는 이유로, 그를 체포했던 일본군 보병 제14연대 제11중대 니시오카 부대의 스나모토 특무조장이 이끄는 영천수비대에게 총살당하였다. 붙잡힌 지 6일 만이었다. 그가 순국한 장소는 영천 남교, 곧 지금의 영천시 창구동 조양각 부근으로 알려져 있다.

일본군은 탈출을 시도했다는 이유를 붙여 의진 총대장

대장정공양세순국기념 산남의진비 전경
1963년. 경상북도 영천시 창구동 조양각 후원 소재.

을 재판도 없이 무자비하게 학살하였다. 이것은 거꾸로 말
하면 정환직 의진에 대한 그들의 두려움이 그만큼 컸음을
말해 준다. 당시 그의 나이 64세였다. 그가 순국했던 곳 부
근에는 지금 '대장정공양세순국기념大將鄭公兩世殉國紀念 산
남의진비山南義陣碑'(비문 풍산 류석우 지음, 1963년 3월)가
자리를 지키고 있다.

정환직 대장이 전사하던 11월 13일(양 12월 17일), 이날은 한겨울임에도 갑자기 폭풍이 크게 불어서 해가 빛을 감추고, 우렛소리가 크게 일며 모래와 돌이 요란하게 날려 읍민들이 말하기를 '그가 순국한 슬픈 소식을 하늘이 슬퍼한다'고 하였다고 한다.

정환직 대장의 순국일자는 〈동엄선생 묘갈문〉에서 볼 수 있는 것처럼 지금까지는 11월 16일(양 12월 20일)로 알려져 있었는데, 일본군 측의 기록에서는 11월 13일(양 12월 17일)로 확인된다. 이것은 주목될 필요가 있다.

정환직의 순국 비보가 자양면 검단동 고향마을에 전해지자, 고을 사람들이 모여 시신 운구와 장례 절차 등을 신속하게 의논하였다. 먼저 이용훈李容勳·김석구金錫龜·권치상權致祥 세 사람을 마을 대표로 뽑아 일본군 영천수비대를 찾아가서 그쪽의 협조를 받아 장례를 치르기로 정하였다. 일본군도 민중들의 분위기를 생각해서 협조에 응했다. 마을 대표들은 먼저 시신을 찾아 염습하고, 운구는 군민들이 마을 순서대로 교대로 하고, 운구 중 식사는 도로변의 음식점들이 담당하였다. 시신은 자양면 검단동 동산에 임시로 매장〔權厝〕하였는데, 친척과 뜻을 같이하는 인사들이 다시 모여 추도식을 행하고 영천군 자양면 상구미 광현산篁

양세의병장 묘원 전경

경상북도 영천시 자양면 충효리 614번지 소재.

岷山에 안장하였다가, 1963년에 자양면 충효리 산록의 지금
위치에 부부합장묘로 이장하였다.

정환직의 묘소 앞에는 앞면에 '가선대부행도찰사겸토포
사 산남의진총수동엄정환직선생지묘'라고 새겨진 묘갈(묘
비)이 서 있다. 묘갈문(비문)은 1967년 11월 완산完山 이호
대李好大가 지었다. 정용기의 묘소 앞에는 두 개의 묘갈이
서 있는데, 오른쪽 묘갈은 앞면에 '산남의진대장 단오오천
정공지묘'라고 새겨져 있고, 묘갈문은 1963년 9월 여강 이
채원李埰源이 지었다. 왼쪽 묘갈은 앞면에 '산남의진대장 단

오정공지묘'라고 새겨져 있는데, 묘갈문은 1963년 6월 하산
夏山 성순영成純永이 지었다. 단오공의 묘는 원래 죽장면 매
현리 인학산 기슭 욕학담 북편에 있었으나, 1963년 지금의
위치에 부부합장묘로 이장되었다.

충효재와 산남의진비를 세우고 건국훈장을 추서하다

산남의진의 생존자들과 정환직·정용기 양세의병장의 후
손들은 양세의병장이 순국한 이후부터 오래도록 그 공적을
기리려 했으나, 일제의 감시와 핍박으로 어찌하지 못하다
가 1934년 갑술년 후사 정호용鄭琥鎔과 향중 인사들의 뜻
으로 일본군이 불태운 검계서당 터에 충효재를 건립하였다.
또 그 뜰에는 산남의진기념사업회가 '도찰사산남의진대장
동엄오천정선생양세유허비'와 '짐망화천지수전세비'도 세웠
다. 특히 '화천지수전세비'는 중국 고사에 나오는 '화천지수
의 충절'을 정환직·정용기 양세의병장이 끝까지 지키려 했
던 모습을 상징하기 위해 세운 것이어서 눈길을 끈다.
광복 후 양세의병장의 출신지는 검단동에서 충효동으로
이름이 바뀌었다. 정환직 대장이 총살당했던 곳인 영천시

도찰사산남의진대장 동엄오천정선생양세유허비
산남의진기념사업회,
비문 여강 이채원 지음(1963년 9월).

짐망화천지수전세비
산남의진기념사업회(1988년 11월),
충효재 정원 소재.

창구동 조양각 후원에는 '대장정공양세순국기념 산남의진
비'를 세워 양세의병장의 숭고한 정신을 기리고 있다. 정부
는 그 공적을 기려 정용기 대장에게는 1962년 3월 1일 건국
훈장 독립장을, 정환직 대장에게는 1963년 3월 1일 건국훈
장 대통령장을 추서하였다.

4. 장령들의 활동이 계속 이어지다

일본군이 고시문을 붙여 민중을 회유하다

정환직 대장을 잃은 의진이 머뭇거리자, 일본군은 의병들에게 불태워진 홍해우편취급소와 분파소 등을 다시 복구하여 업무를 보기 시작했다. 이들은 의병들의 공격이 되풀이되지 않도록 영천수비대 일부를 홍해로 끌어들여 수비를 대폭 강화했다. 일본군 보병 제14연대 연대장 기쿠치 대좌는 정환직을 닮지 말라는 내용의 고시문까지 만들어 곳곳에 게시하도록 하였다. 〈고시〉는 국문과 한문으로 만들어졌는데, 국문의 내용은 다음과 같다.

〈고시〉(국한문)

《暴徒에 관한 編冊》(全羅, 慶尙, 忠淸道) 2, 隆熙 元年.

고시

경상북도 적도 정환직의 죄를 처단했기 때문에 그를 따랐던 잡배들은 다 그 죄를 면제한다. 이제 각자 집으로 돌아가서 안심하고 생업에 종사할 것, 만약 다시 폭동을 꾀할 때에는 곧바로 정환직처럼 만들 것이다. 이와 같이 고시함

1907년 12월
일본군사령관대리 기쿠치 대좌

일본군사령관대리 기쿠치는 정환직 대장을 총살시키고 〈고시〉까지 발표하면서 민중들을 협박하였다. 전국 의병들이 연합하여 서울진공작전을 준비하고 있던 때였으므로 일본군도 민감할 수밖에 없었다. 이 때문에 의병들을 강경하게 무력으로 토벌하면서, 다른 한편으로는 〈고시〉 등으로 민중들을 달래보려 한 것이다. 이 〈고시〉도 '정환직을 처단' 했으니 너희들은 이제 '조용하게 지내라'는 협박과 회유를 동시에 담고 있다.

산남의진은 대장이 없는 가운데서도 항쟁을 계속하였다. 정환직은 순국하기 직전까지도 "예전에 부하였던 박연백, 박병재는 지금 의성 방면에서, 정완생은 언양 방면에서, 우재룡은 신녕 방면에서 각각 활동을 하고 있다 하니, 경상북도 북부의 의병 진압은 일본군이 아무리 엄밀하게 정찰한다 할지라도 쉽지 않을 것"이라고 하여, 자신이 잘못 되더라도 투쟁은 계속될 것을 예견하고 있었다.

정환직 대장이 순국한 이후에도 의진에 속했던 많은 장령들은 활동을 계속하였다. 산남의진을 최세윤 대장이 수습하기 전까지의 내용을 정리하면 다음과 같다. 일자는 음력이다.

1907.11.15. 청하군 죽남면 두마리에서 이석이, 손수용 등 7명이 군자금을 조달.

1907.11.20. 경산군 자인면 정자동에서 의병 150명이 격문을 배포하면서 의병을 모집하다가 자인수비대와 충돌.

1907.11. 신광면 우각동, 기계면 칠성동에서 정완성의 부하 김응용 등 의병 54명이 군자금 조달.

1907.11. 경주군 강서면 두동에서 정완성 외 의병 수십 명이 군자금 조달.

1907.11.25. 의성군 의성읍에서 의병 약 50명이 의성분파소를 습격.

1907.11.30. 장기군 현내면에서 이세기 의병 약 60명이 장기주재소를 공격, 일본 순사 모리森를 사살하고, 미쓰자키光崎에게 중상, 총 3정·칼 2정 몰수, 분파소 등 공기관 및 가옥 소각.

1907.11.30. 경주군 강동면 양동에서 정완성·이영성 등 의병 수십명이 군자금 모집.

1907.12.9. 청하군 청하에서 이석이·손수조 등 의병 2백여 명이 청하읍을 습격.

1907.12.10. 청하군 청하에서 최성집(최세윤) 등 의병 150여 명이 청하주재소를 습격, 의병 19명이 전사.

1907.12.10. 흥해군 흥해읍 전투에서 정완성 의병 약 150명이 흥해 동문과 서문으로 공격, 경찰대 5명과 분견대 6명이 응전, 의병 부상자

30여 명 발생.

1907.12.10. 청하에서 의병 150명 가운데 19명이 전사.

1907.12.12. 흥해에서 최선직(최세윤), 이진규 등 의병 수십 명이 흥해주재소를 습격, 일본인 순사 1명과 한인 순사 1명을 사살.

1907.12.14. 영천 북방 30리 지점에서 의병 50명 가운데 18명이 전사.

1907.12.15. 영천군 북안면에서 이세기 의병 약 30명이 일본인 오우라 다쓰조大浦辰藏를 살해

1907.12.17. 흥해군 신광면 냉수에서 벽계로 이동, 흥해 분파소 에모토江本 군조 이하 7명과 3시간 동안 격전, 배연집 등 의병 13명이 전사, 20명이 부상, 포로가 된 이만석 등 2명은 사살당함, 안강 방면으로 퇴각.

1907.12.17. 경주 북방 70리 지점에서 의병 1백 명 가운데 27명이 전사.

1907.12.17. 흥해 서방 10리 지점에서 의병 30명 가운데 15명이 전사.

1907.12.18. 경주 북방 약 80리 지점에서 의병 50명 가운데 11명이 전사.

1907.12.21. 경주 옥산에서 경주수비대 척후대와 4시간 동안 교전, 의병은 전사 7명, 부상 20여 명을 내고 인비 방면으로 퇴각하였으나, 인비에서 적 척후대의 공격을 받아 의병 전사 4명, 부상 20여 명, 포로 3명이 발생, 영천

방면으로 물러남.

1907.12.22. 청하군 청하에서 최선직(최세윤), 이진규 등 의병 수십 명이 청하주재소를 습격하였으나 이진규가 체포당함.

1907.12.29. 의성 북방에서 의병 30명 가운데 3명이 전사.

1908.1.3. 청하군 죽장면 광천에서 이세기 등 의병 수십 명이 접전했으나 박광이 전사하고 이규환이 중상을 입음.

정환직 대장이 순국한 뒤에도 의진 영장들은 상당수가 투쟁을 이어가고 있었다. 그중에서도 이석이·손수조·정완성·김응용·최선직(최성집, 최세윤)·이진규·이세기 등의 이름이 특히 눈에 띈다. 이들은 청하·경산·경주·흥해·영천·의성·장기 등 여러 곳에서 활동을 이어갔으며, 그 규모는 10여 명에서 2백여 명에 이르렀다. 이때는 총대장을 잃은 직후였고 관동으로 북상하고자 의병들이 소단위로 흩어져 있던 상태였기 때문에, 지역 부대들이 독자적으로 활동을 펼쳤다.

일본군이 아무리 강경하게 탄압해도 의병들은 끝없이 항전을 펼쳐 갔다. '지구전持久戰'이라는 말이 맞을 것 같다. 하지만 일본군과 의병의 전투력 차이가 워낙 컸고, 또 무수

한 의병 지도자들이 사살·체포·망명·잠적해 갔기 때문에 의병들의 저항도 점점 약해져 갈 수밖에 없었다. 그런 어려운 상황 속에서 1908년 1월 초에 농고 최세윤이 양세의병장의 유지를 받들어 다시 의진을 일으켰다.

제 4 장

최세윤의
양세의병장 유지 계승

1. 안동의진 아장으로 출발하다

최세윤의 성장

최세윤崔世允, 1867~1916의 본관은 곡강曲江, 자는 성집聖執, 호는 농고農皐, 본명은 세한世翰이다. 일본 측 기록에는 최선직崔善直·최선집崔善集으로도 나타난다. 그는 1867년 11월 10일 경북 흥해군 동부면 곡성리曲城里(지금의 포항시 북구 흥해읍 학천리鶴川里)에서 통덕랑을 지낸 아버지 최재순崔再淳과 어머니 경주최씨 사이에서 태어났다.

태어나면서부터 재주가 뛰어나 글을 배우면 금방 뜻을 헤아렸고, 특히 병법·천문·지리 등에 밝았다. 나이가 들면서 교육에 뜻을 두고 선조 농수農叟 최천익崔天翼, 1712~1779을 제사하는 농수강당에서 한학을 가르치며 흥해군 형방 서기를 지냈다. 1894년 동학농민운동 때는 소모장으로서 3백여 명의 동학농민군을 거느리고 관군에 맞서 싸웠다. 농민운동이 끝난 뒤에는 고향으로 돌아와 농사를 지으면서 지방 인재 양성에 힘썼다. 그는 파평윤씨 윤세로尹世老의 딸을 아내로 맞이하여 슬하에 2남 2녀를 두었다.

전기의병 때 안동의진 아장으로 활약하다

최세윤은 1895년 을미사변과 단발령 등을 반대하는 격문을 지어 동해안 일대 여러 고을에 돌려 민중들의 자각심을 고취시켰다. 이듬해 1896년 봄 고향 사람 장상홍張相弘·정래의 등과 함께 군사 4백여 명을 모아 김도화金道和가 이끄는 안동의진으로 들어가 아장亞將으로 활동하였다. 안동의진이 고종의 의병 해산 명령 등으로 해산하자, 김도현의 영양의진에 들어가 합류하였다. 그러나 1896년 9월 영양의진마저 해산하자, 최세윤은 고향으로 돌아가 학림강당鶴林講堂에서 후진 양성에 힘쓰며 뒷날을 기다렸다.

2. 정환직 의병장의 유지를 계승하다

병석에서 의진을 지원하다

최세윤은 1905년 11월 을사늑약이 맺어지자 이에 분개하여 죽기를 맹세하고 다시 의병을 일으킬 채비를 하였다. 1906년 1월 영천창의소가 설치되고 정환직·이한구 등이 널리 군사를 모집할 때, 이한구가 최세윤이란 인물이 의기가 있고 병법을 잘 알며 재략이 뛰어나다는 소문을 듣고 그를 찾아가 협조를 요청하였다. 최세윤은 적극 찬동하며 검단동으로 달려가 정용기를 만났다. 때마침 정환직도 내려와 있어서 함께 힘쓸 것을 약속하고 돌아왔다.

1906년 2월 정용기를 대장으로 하는 의진이 결성될 무렵, 최세윤은 갑자기 온몸에 종창腫脹, 곧 부스럼 병이 생겨 의진 참여는커녕 거동조차 못하고 자리에 눕게 되었다.
이런 사정을 알지 못했던 정용기는 속히 의진에 참여해 달
라는 편지를 보냈다. 《농고실기農皐實紀》(1978, 15~16쪽)에
따르면, 최세윤은 "저는 올해 들어 종창이 온몸에 퍼져 자
리에 누운 지가 수십 일이요, 출입을 못한 지도 달포에 가
깝습니다. 또 아내가 임신 7개월이 되는데, 해소와 천식이
심하여 정신을 차릴 수가 없는 처지입니다. 약속한 모임에
는 마땅히 참석해야겠으나 처지가 이러하니 어찌할 수가 없
습니다." 하고 답장을 보냈다.

흥해 지역 활동책임자 임무를 맡다

그는 신병 때문에 의진 결성에는 참가할 수가 없었다. 정
용기는 이러한 최세윤에게 흥해 지역 활동책임자의 임무를
맡겼다. 최세윤은 병상에 찾아오는 사람들과 의논을 하며,
흥해 지역 책임자로서 의병 모집, 물자 수집, 정보 탐문 등
의 역할로 의진을 적극 지원하였다.

그러던 가운데 1907년 9월 2일(양 10월 8일) 입암전투에
서 정용기 대장이 전사했다는 소식을 듣고, 그는 거동조차
힘든 몸을 이끌고 현지로 달려갔다. 정환직도 내려와 애통

해하였다. 최세윤은 정순기 등 여러 부장들과 함께 정용기의 시신을 거두어 월성손씨 문중의 도움을 받아 죽장면 매현리 인학산 학소(욕학담) 기슭에 장례를 치렀다.

정환직이 남은 군사를 수습하고 전열을 정비할 때, 최세윤은 여러 부장들과 함께 정환직을 대장으로 추대하였다. 대장에 취임한 정환직은 의진을 이끌고 북동대산에 머물면서 각지의 정보를 수집하였다. 최세윤은 행보가 어려웠기 때문에 문중 사람들을 시켜서 동해안 지역의 일본군 동태를 살펴 본진으로 연락하는 책임을 맡았다.

정환직 대장의 유지를 받들다

1907년 10월 11일(양 11월 16일) 정환직 대장이 본영을 이끌고 흥해를 재차 공격하고 보경사로 들어갔다. 이튿날인 10월 12일(양 11월 17일)에 큰 비가 내려 보경사에 머무르는 동안 정환직 대장은 여러 장령들을 모아 놓고 "나의 뒤를 이어 책임을 맡을 사람은 최세윤이다."라고 하였다. 그는 평시에도 부장들에게 "최세윤은 장재將材이다."라는 말을 자주 했고, 또 "나는 이미 늙었으니 내일을 기약할 수 없다. 만일 뜻과 같지 않으면 최세윤이 나의 책임을 당할 수 있으리라."(《산남창의지》 (하), 1946, 34쪽)고 하였듯이 일찍부터 최세윤을 후계자로 내정해 둔 상태였다.

그 뒤 정환직 대장은 북상길을 찾다가 청하군 죽장면 고천리에서 일본군 니시오카 부대에게 붙잡혀 대구로 호송되던 중 1907년 11월 13일(양 12월 17일) 영천에서 순국하였다. 이때 대장을 구하러 움직였던 장령들이 흥해 도음산 천곡사에서 최세윤을 3대 대장으로 추대하기로 의견을 모으고, 최세윤에게 연명으로 입진을 요청하였다. 최세윤은 이 급보를 받고, "내 어찌 실낱 같은 목숨을 아껴 종사의 급망을 앉아서 보겠는가!" 하면서 병석을 박차고 일어났다. 1908년 1월 2일(양 2월 3일) 고향 사람들에게 작별 인사를 하고, 따르는 사람 2명을 데리고 길을 나섰다. 도로에는 행인이 끊어지고 산천에는 살기가 가득하였다고 한다. 밤을 이용하여 보현산 거동사에 이르니 모든 장병들이 나와 최세윤을 영접하였다.

이틀 뒤인 1월 4일(양 2월 5일) 정순기 이하 영장들이 정환직 대장의 유훈을 받들어 최세윤을 제3대 대장으로 추대하였다. 이렇게 하여 최세윤은 산남의진 제3대 대장으로 취임하여 의진을 이끌었다.

거동사 전경
제4차 산남의진(최세윤 대장) 결성지.
경상북도 영천시 자양면 보현리 보현산 1683번지 소재.

본진을 장기군 남동대산으로 옮기다

정환직 대장의 순국으로 전군의 사기가 떨어졌을 뿐만
아니라 일본군의 감시로 군수품 조달도 거의 불가능한 상
황이었고, 각 지역의 유격대에 연락할 묘책도 없었다. 최세
윤 대장은 이러한 사정 때문에 본부를 장기군 남동대산으
로 이동하였다.

의진의 활동 목표도 전면 수정했다. 원래 목표는 서울진격작전을 위한 '관동 북상'이었는데, 전국의병연합부대의 서울진공작전도 실패로 돌아갔고, 일본군의 포위망까지 물샐 틈 없이 좁혀오는 마당에, 물자는 부족하고 병사들도 자꾸 줄어가니 더 이상 어떻게 해 볼 대책이 없었다. 그래서 최세윤은 그 지역 출신 인물을 중심으로 지대를 조직하고, 목표도 '관동 북상'에서 '경상도만이라도 확보하여 지구전을 편다'로 수정했다.

최세윤 대장은 의진을 본대와 지대로 나누어, 본대는 의진을 총괄하면서 지대를 겸하고, 지대는 맡은 지역에서 유격전으로 지구전을 펴는 계획을 세웠다. 그는 우선 본진을 일본군에게 위치가 잘 알려진 북동대산이나 보현산에서 장기군의 남동대산, 지금의 경주시 토함산 부근으로 옮겼다. 본부는 남동대산을 근거지로 삼아 경주·울산·흥해·포항 등을 담당하면서 지대를 총괄하고, 각 지대는 책임자를 두어 본진과 연락하며 유격전을 펼친다는 작전을 세운 것이다.

본대 부서를 조직하고 지역 분대의 책임자를 배정하다

남동대산에 있는 본대는 중군장 권대진, 참모장 정래의,

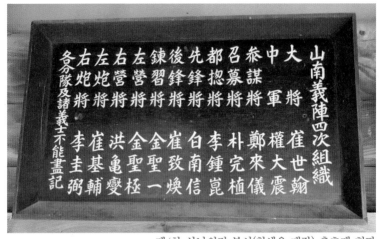

제4차 산남의진 부서(최세윤 대장) 충효재 현판

소모장 박완식, 도총장 이종곤, 선봉장 백남신, 후봉장 최
치환, 연습장 김성일, 좌영장 김성극, 우영장 홍구섭, 좌포
장 최기보, 우포장 이규필, 장영집사 이규상, 군문집사 허
서기 등 13개 부서에 부장을 선임하였다. 지역 분대로는 서
종락에게 주왕산 일대를 근거로 한 청송 동부 지역을, 남석
구에게 청송 안덕 신성리에 있는 쇳재, 곧 철령 일대를 근
거로 한 청송 서부 지역을, 이세기에게 보현산 일대를 근거
로 한 영천 북부 지역을, 우재룡에게 팔공산 일대를 근거로
한 영천 서부 지역을, 이형표에게 구룡산 일대를 근거로 한

영천 남부 지역을, 조상환에게 화산 일대를 근거로 한 신녕 지역을, 박태종에게 춘산 일대를 근거로 한 의성 지역을, 남승하에게 효령 일대를 근거로 한 군위 지역을, 임중호에 게 운문산 일대를 근거로 한 청도·경산 지역을, 손진구에 게 주사산 일대를 근거로 한 경산 서부 지역을, 정순기·구 한서에게 북동대산 일대를 근거로 한 청하·죽장·기계 지역 을 배정하였다. 이들 지역 분대는 본진과 소통하면서 유격 전을 펴게 하였다.

1908년 2월, 최세윤이 지휘하는 본대는 북동대산 분대 가 청하로 진격한다는 연락을 받고 이를 돕기 위해 출동하 였다. 일본군이 기계로 들어오자, 본진은 기계 남부를 방비 하고 운주산 분대는 기계 북부를 방비하여 포위망을 설치 하였다. 일본군은 흥해 북안면 수성동 천장산으로 도주하 다가 북안면 이리령에서 우리 복병과 충돌하였다. 서로 사 상자를 내고, 일본군은 흥해군 북안면 수성동(지금의 영천 시 임고면 수성리)로 도주하였다. 본부의 지원을 받지 못한 북동대산 분대는 청하에서, 춘산 분대는 의성에서 패하기 도 하였다.

1908년 2월 19일(양 3월 21일) 경주경찰분서장 마쓰나가 松永 경부가 마쓰이松井 경무국장에게 보낸 〈적도 토벌 관련 속보)(《폭도에 관한 편책》, 융희 2년 3월, 522쪽)에 따르면, 김순도金舜道가 이끄는 의병 30여 명이 2월 19일(양 3월 21일) 흥해군 기계면 덕동(지금의 포항 북구 기북면 오덕1리)에서 일본군 수비대의 기습을 받아 6명이 전사하고 6명이 부상을 입었으며, 또 일부는 포로가 되기도 하는 참패를 당하였다. 이 덕동전투에서 일본군은 포로들을 현장에 끌고 다니면서 고문으로 필요한 정보를 캐낸 뒤 비참하게 목을 베었다.

이 덕동전투의 또 다른 비극은 의병들이 미처 챙기지 못했던 '의병 조직 명단'이 일본군에게 넘어간 것이었다. 이로써 명단에 기재된 의병들과 그 가족들이 겪었을 고초는 충분히 짐작되고도 남는다. 이 '의병 조직 명단'으로 의병조직을 살펴보면, 최세윤 대장은 부대를 70명 단위로 편성하였고, 단위 부대별로 도총장·포영장·종사·통인·도포장을 두었으며, 단위 부대의 70명은 다시 7명으로 초를 이루어 초장의 지휘를 받게 하였음이 나타난다.

전략상 의진을 해산하는 것처럼 하다

덕동전투 이후에도 최세윤 부대의 활동은 계속되었지만,

3월 중순 무렵부터 해산하는 모습을 보였다. 경주수비대에게 포로로 잡힌 중군장 박대중朴大重의 조사에서 그 내용을 확인하면, 아래와 같다.

　　　1908년 3월 17일(양 4월 17일) 밤 최 대장은 자신이 지휘하는 잔병 약 33명을 모두 덕동(흥해 서방 약 3리) 고지에 모이게 하여 해산명령을 내렸다. …"지금 상황으로는 도저히 교전할 여력이 없다. 따라서 부득이 해산해야 할 지경까지 왔다. 신광면 부근에서 행동 중인 의군들에게는 오늘 오후 1시경에 해산명령을 내려 두었다고 한다. … 여러분은 속히 귀향하여 시기가 오면 강원도나 충청도 부근으로 오도록 하라. 나는 지금부터 경기도로 향한 후에 도착할 예정이다." 이와 같은 해산 명령을 듣자 일동은 그동안의 노고에 눈물을 뿌리고 사방으로 흩어졌다 한다.
　　　《한국독립운동사》 자료10 의병 Ⅲ, 국사편찬위원회, 1983, 278쪽)

　내용이 이와 같다면, 최세윤은 1908년 3월 17일(양 4월 17일) 흥해군 기계면 덕동, 곧 포항시 북구 기북면 오덕리에서 의진의 본진을 해산한 것이 된다. 그렇지만 1908년 5월 이후에도 이세기·서종락·우재룡 등이 각자 소부대를 이끌고 활동하고 있었다. 이로 보면 최세윤은 전략상 의진을 해

산한 것처럼 하고, 실제로는 뒤에서 지역 분대를 조종하였
다는 것이 된다. 의진의 지역 분대는 1910년 6월 무렵까지
경주·청송·청하·영천·흥해·의성 등 각지에서 일본군 수비
대에 항전하였다. 그렇지만 당시 투쟁이란 군자금 모집 활
동 정도였고, 전투다운 전투 한 번 없이 엄청난 희생만 치
르고 있던 것이 현실이었다.

3. 장기에서 잡힌 뒤 서대문 옥중에서 순국하다

최세윤은 3월 17일(양 4월 17일) 의병 해산을 선언하였지만, 의진의 본부가 있는 장기 지역으로 되돌아와 각 지대와 연락하며 이를 조종을 하였던 것으로 보인다. 그렇지만 그는 1908년 7월 장기군 내남면 용동龍洞, 지금의 경주시 양북면 용동에서 일본군에게 잡히고 말았다. 그는 청하 헌병대로 잡혀가던 가운데 적에게 욕을 당하느니 차라리 스스로 목숨을 끊겠다며 도로변 강물에 몸을 던졌으나, 호송하던 일본군 헌병과 보조원들에게 구조되었다고 한다.

최세윤 대장은 청하 헌병분견대를 거쳐 대구로 옮겨진 뒤 3년 넘게 회유와 협박, 그리고 고문을 당하였다. 그는 1911년 10월 20일(양 11월 15일) 대구지방재판소에서 징역 10년을 선고받고 공소하였으나, 같은 해 10월 22일(양 12월

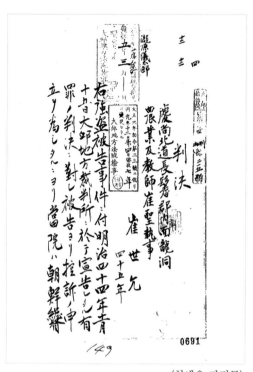

〈최세윤 판결문〉
대구공소원, 1911년 12월 12일.

12일) 대구공소원에서 기각되고 서대문 감옥으로 옮겨졌다. 옥살이를 한 지 5년이 지나자, 그는 더 이상 아무런 희망이 없음을 느끼고 단식투쟁을 벌였다. 그리고 1916년 7월 7일(양 8월 9일) 단식 11일 만에 결국 순국하였다. 그때 나이

50세였다. 부인 윤씨는 8년 동안 남편의 옥바라지를 하다가 남편이 죽자 몸소 시신을 거두어 고향으로 옮겨 장례를 지내고 곧 남편의 뒤를 따랐다. 정부는 최세윤의 공덕을 기려 1968년 건국훈장 독립장을 추서하였다.

양세의병장에 이어 최세윤 의병장이 지휘했던 산남의진은 그 뒤 1910년 청송군 안덕면 고와실高臥室전투로 와해되었다. 이 전투에서, 경주·영천·의흥·청송 지역의 일본군 합동 토벌대의 추격을 피해 들어왔던 의병들은 고와실 백석탄 물속 바위에서 손발이 묶인 채 참혹하게 학살당하였다. 이때 흘린 피가 강물을 붉게 물들였다고 전해지고 있다.

맺음말

　지금까지 정환직·정용기 양세의병장의 삶과 이들이 지휘했던 산남의진의 활동 모습을 둘러보았다. 이들은 일제의 침략으로 나라가 망하려 하자 의병장으로 뛰어들어 '화천지수의 충절'을 몸소 실천에 옮겼다. 이제 양세의병장과 그 유지를 받든 최세윤 의병장을 되짚어 보면서 글을 마무리해야겠다.

　1905년 11월 일본이 강제한 을사늑약으로 온 국민이 분노에 떨 때, 고종은 밖으로는 외국에 친서를 보내 협조를 요청하고, 안으로는 측근에게 밀지를 내려 그 대책을 찾게 하였다. 정환직도 고종의 밀지를 받고 장남 용기와 상의하여 산남의진을 일으켰다.

　정환직1844~1907은 어릴 때 조부 검계공의 가르침으로 학문을 깨우쳤다. 젊어서는 전국을 떠돌면서도 틈틈이 의술을 연마하여 명성을 얻었다. 일본인들도 그를 "한학에 밝고, 주역에 통달했으며, 의술을 깊이 연마하였다."고 인정하였다. 그는 1887년 '태의원 전의'라는 벼슬로 관직생활을 시작하였다. 1899년 11월 20일 종묘에 큰 화재가 났을 때 고종과 태자를 안전한 곳으로 피신시키면서 고종의 큰 신임을 얻었다. 관직도 태의원 시종관, 의금부도사, 사헌부 감찰, 중추원 의관, 삼남토포사, 삼남도찰사, 비서승까지 지냈다. 그는 관직생활에서도 한결같이 나라를 걱정하고 민생을 염려했다. 간사한 무리들에게 모함을 받아 옥에 갇히기도 했지만, 현실과 타협하지 않았다. 백정들이 사당을 세워 그를 환영할 만큼 하층민에도 남다른 관심이 있었다.

그는 고종의 '밀지'를 받고 1906년 봄, 아들 용기를 앞세워 의진을 일으켰다. 아들 정용기 대장이 의진 총수 아버지 정환직의 계획에 따라 '관동으로의 북상'을 목표로 출진 항쟁하다가 1907년 9월 2일(양 10월 8일) 입암전투에서 전사하자, 급히 달려가 아들을 대신하여 다시 대장의 깃발을 들고 '화천지수의 충절'을 지키고자 했다. 하지만 일본군의 막강한 화력과 전술 전략을 뚫지 못하고, 11월 7일(양 12월 11일) 죽장면 고천(상옥)에서 잡힌 뒤, 11월 13일(양 12월 17

일) 영천에서 총살당하였다. 순국하던 날 천지간에 폭우가 일어 하늘까지 슬퍼했다고 한다. 그의 나이 64세였다.

정용기1862~1907는 정환직의 맏아들이었다. 그는 어려서는 증조부가 세운 검계서당에서 학문을 깨쳤고, 자라면서 그림과 글씨 등에도 재주를 보였다. 또 갈 곳 없는 고아들을 돌보는 등 어려운 사람들의 구휼에도 앞장섰다. 아버지가 관직에 오른 뒤부터는 서울을 오르내리며 시국을 논하고, 의정부에 글을 올려 나라를 걱정하였다.

그는 아버지의 분부를 받들고 고향에 내려와 동지들과 함께 의병을 일으켰다. 아버지 정환직을 의진 총수로 하고, 여러 장령들의 추대로 자신은 의진 대장이 되어 의진을 지휘하였다. 경주진위대의 간계로 대구경무소에 잠시 구속되기도 하였으나 아버지의 주선으로 4개월 만에 풀려났다. 그는 의병 재기를 준비하는 동안 1907년 초 영천 지역 국채보상단연회의 회장이 되어 영천의 국채보상운동을 이끌기도 하였다. 1907년 봄 국채보상운동의 주역을 다른 사람에게 인계하고 다시 의진을 일으켰다. '관동으로의 북상'을 위해 애쓰던 가운데 그해 9월 2일(양 10월 8일) 입암전투에서 순국하였다. 그때 나이 46세였다. 그의 부인 최씨는 슬하 5남매를 거두며 어렵게 살다 1950년 82세로 세상을 떠났다.

양세의병장의 유지를 받든 최세윤1867~1916은 경북 흥해군 동부면 곡성리, 지금의 학천리에서 태어났다. 언제부터인가 흥해군 형방 서기를 지내다가 1894년 동학농민운동 시기에는 동학농민군을 이끌고 관군과 싸웠으며, 1896년 전기의병 때는 안동의진의 아장으로도 활동하였다. 1905년 을사늑약을 계기로 산남의진이 일어나자 신병으로 병석에서 이를 지원하였고, 양세의병장의 순국 후에는 유지를 계승하여 다시 의진을 이끌었다. 하지만 1908년 3월 덕동전투에서 패한 뒤 의진을 해산하고 은신해 있다가, 1908년 7월 장기군 내남면 용동에서 일본군에게 잡혀 10년형을 선고받고 서대문 감옥에 갇혔다. 8년 동안 옥살이를 하던 가운데 1916년 7월 더 이상 나라를 구할 희망이 없어 보이자 단식투쟁으로 순국하였다. 그때 나이 50세였다. 그동안 옥중 뒷바라지를 하던 윤씨 부인도 남편의 장례를 치르고 곧 뒤를 따랐다.

산남의진은 그 부대 이름에 걸맞게 전 영남 지역을 대표하는 의진이었다. 1906년 2월부터 1907년 11월까지 양세의병장 시기에는 영천군 보현산과 청하군 북동대산을 거점으로 하면서 '관동으로의 북상'을 목표로 영천·청송·흥해·청하 일대에서 일본군 수비대와 전투를 벌였다. 최세윤 대장 시기에는 장기군 남동대산을 거점으로 삼고, '경상도 지역만이라도 확보'하여 지킨다는 목적 아래 지역 분대별 유격전을 펼쳤다. 그러나 군수품 부족과 강화된 일본군의 토벌작전에 밀려, 1910년 여름경 청송군 안덕면 고와실전투로 종결되었다.

양세의병장이 지휘했던 산남의진은 고종의 '밀지'를 받들고 일어났고, 아버지와 아들 양세의병장에 이어 유지를 계승한 최세윤 의병장이 활동을 이어갔으며, 양세의병장 시기에는 관동 북상으로 서울진격작전을 계획했던 점, 그리고 신돌석 의진과 함께 영남 지역을 대표하는 의진이었다는 특징을 보인다. '화천지수의 충절을 지키려 한 것'이라는 한마디로 마무리해도 좋을 것이다.

양세의병장 연보

일자는 음력(양력)으로 표기

동엄 정환직 의병장 연보

1844.5.19.	1세	경북 영천군 자양면 검단동(영천시 자양면 충효리)에 서 정유완과 순천이씨 사이 2남 가운데 장남으로 출생
1855	12세	향시 백일장에서 장원
1862	19세	여강이씨 이재석의 딸을 아내로 맞음
1862.12.13. (1863.2.1.)		장남 용기 태어남
1883.6.4. (1863.7.7.)	40세	장손자 호용 태어남
1887	44세	태의원 전의 벼슬에 오름, 북부도사에 제수
1888	45세	의금부도사 겸 중추원 의관에 제수, 순무대참모관 승진
1894.3.	51세	삼남참오령에 임명, 동학농민군 토벌작전에 파견
1894.5.		일본공사 오토리 게이스케 문책(《격일장대조규개》)
1894.7.		완전사에 임명, 군무대신 조희연과 청일전쟁 전투지 관전
1894.9.		〈일병의뢰반대상소〉 올림

1894.10.		선유사 겸 토포사로 구월산 동학농민군을 〈초유문〉으로 선유하고 평정
1895.1.	52세	호군당상에 천거, 태의원 시종관 전의에 임명
1895.8.		시찰사 겸 토포사로 삼남 지방 시찰, 을미사변 급보로 상경 후 사직
1895.10.19. (1895.11.23.)		부인 여주이씨 56세로 영면
1897.9.	54세	〈토역상소〉를 올림 태의원별입시 시종관에 임명
1898.11.20. (1899.1.1.)	55세	〈전도사정환직소〉를 올리고 비답을 받음
1899.10.	56세	삼남검찰 겸 토포사에 임명, 삼남 지방 민정을 시찰, 시종신 복귀
1899.11.20. (1899.12.22.)		종묘 화재의 공로로 자호명을 하사받음
1899.12.28. (1900.1.28.)		중추원 의관에 임명
1900.1.9. (1900.2.8.)	57세	중추원 의관 사직
1900.		원수부위임 겸 삼남시찰사에 제수, 삼남도찰사로 승직, 탐관오리 경주부윤 파면 어명을 받든 시찰사 강용구에게 잡혀 서울로 올라감
1901.2.30. (1901.4.18.)	58세	울산과 양산 양 군민 수십 명이 공전 부과의 불만으로 내부에 민원
1902.		〈십조〉 상소
1904.1.	61세	특파대신으로 온 이토 히로부미 견책(〈조회일본사〉)
1904.		〈황탄한 언론을 변파한다〉 반포
1905.	62세	삼남도찰사 겸 토포사에 임명, 호서·호남 지방 순시, 경남 동래에서 보의당 훼철, 탐관오리 숙청 고종의 '밀지' 받듬, 관직 사퇴, 서강 사저로 돌아옴

221

1905.12.10. (1906.1.4.)		아들 용기를 영남으로 보내 창의를 준비시킴
1905.12.30. (1906.1.24.)	63세	영남 지역을 돌며 동지·친구들과 시국 논의
1906.2.		산남의진 결성, 의진을 총괄하는 총수가 됨
1907.7.	64세	의진의 정대하·이창송에게서 의진 상황 보고받음
1907.8.20. (1907.9.27.)		심복 수십 명과 영천 검단동 향재에 도착
1907.8.24. (1907.10.1.)		향재에서 부자 상봉, 관동으로의 북상 촉구
1907.9.2. (1907.10.8.)		정용기 전사(입암전투), 입암으로 가 아들의 시신 수습
1907.9.3. (1907.10.9.)		산남의진 제2대 대장에 추대, 진영 수습·부서 재편
1907.9.10. (1907.10.16.)		영천 보현산과 청하 북동대산을 거점으로 본격적 인 활동 시작
1907.9.12. (1907.10.18.)		대진을 보현산에서 북동대산으로 옮김
1907.9.		각지로 〈통유문〉을 보냄
1907.9.22. (1907.10.28.)		궤령을 넘어 흥해 공격, 적병 살해·무기 몰수 이석이가 지휘하는 의병이 흥해우편국과 분파소를 습격, 일본인 3인 사살 흥해 도음산 천곡사에 머물며 최세윤과 후사 논의
1907.9.28. (1907.11.3.)		영천 신녕분파소 습격, 총기 60여 정 확보, 분파소 와 순검 가택을 불태움
1907.9.29. (1907.11.4.)		의흥 서문 밖에서 충돌, 분파소와 관련 건물들을 불태움, 총기 49정 몰수
1907.10.3. (1907.11.8.)		본진 130여 명을 지휘 청송 현남 유전으로 진출, 일본군의 공격으로 파수병 2명 전사·조재술 중상, 영장들의 도움으로 피신

1907.10.5. (1907.11.10.)	청하 죽장 두마에 집결, 의진을 분산해 적을 유인하면서 탄약을 구함
1907.10.11. (1907.11.16.)	흥해읍을 공격하여 분파소를 불태우고 일본 순사 1명·한인 순검 1명 사살
	보경사에서 최세윤을 후계자로 삼음
1907.11.1. (1907.12.5.)	영덕 달산면 주방에서 야간에 일본군 영덕분견대 격파
1907.11.2. (1907.12.6.)	일본군의 기습으로 제2초장 남경숙 전사, 흥해 서부 마산으로 퇴각
1907.11.3. (1907.12.7.)	영덕을 포위 공격, 무기 28정을 몰수, 정암에서 적 척후 1명·순사 1명 사살, 유암 도착, 적 척후 1명 사살, 영덕 남정면 도천 숲에서 적 4명 포살, 영덕분파소 및 관계 건물 소각, 도포장 고찬 처단
1907.11.4. (1907.12.8.)	청하군 각전에서 군사 소집, 복장과 탄약을 준비해 북상할 것을 명하고 장병들을 내보냄
1907.11.5. (1907.12.9.)	청하 서면 금정리에서 일본군과 충돌, 부하 8명 전사, 잔병 해산, 6명과 청하 죽장 고천으로 이동
1907.11.6.	상옥리의 동서 구칠서의 집에서 묵음
1907.11.7. (1907.12.11.)	일본군 영천수비대(스나모토 특무조장 분대)가 들어와 마을을 수색, 보초 3명 도주·3명 전사
	보병 제14연대 제11중대 니시오카 부대의 우익대 스나모토 특무조장의 척후대에게 잡힘, 청하 중대로 끌려가 신문당함
	청하에서 영천수비대에 이끌려 대구로 이동, 흥해·경주·영천 등 각지 분파소에서 신문을 받음, 이세기 등이 대장 구출을 위해 경산 하양까지 추격
	〈임종시〉와 〈옥중 술회〉를 남김
1907.11.13. (1907.12.17.) 64세	대구 호송 중 '탈출을 시도한다'는 구실로 영천 남교

1907.11.		에서 영천수비대 스나모토 특무조장에게 총살 순국 검단동 향재 마을 사람들이 시신 운구하여 장례, 검단동 뒷산에 임시 매장, 이후 자양면 상구미 광현산 선산에 안장
1963.6.		자양면 충효동 산록으로 부부합장묘로 이장
1934.		충효재 건립
1946.2.		《산남창의지》(상·하 권합) 발간
1963.3.1.		대한민국 정부에서 건국훈장 대통령장 추서
1963.3.		대장정공양세군국기념 산남의진비 건립

단오 정용기 의병장 연보

1862.12.13.	1세	영천군 자양면 검단동(영천시 자양면 충효리)에서 정환직과 여강이씨 사이에서 2남 가운데 장남으로 출생
1876.	15세	김산 봉계리(김천 예지리)로 이사, 가뭄과 흉년에 고아들을 구휼
1882.	21세	경주최씨 이재위의 딸을 아내로 맞음
1883.6.4. (1883.7.7.)	22세	장남 호용 태어남
1886.	25세	청하 죽장면 창리로 이사, 이한구·정순기 등과 우애
1887.	26세	태의원 전의로 관직에 오른 아버지를 따라 상경
1901.	40세	혜민원 총무를 지냄
1901.11.1. (1901.12.11.)		차남 노용 태어남
1904.10.16. (1904.11.23.)	43세	삼남 상용 태어남
1905.12.5. (1905.12.30.)	44세	고종의 '밀지'를 받은 아버지의 부름을 받음

1905.12.10. (1906.1.4.)		영천으로 내려가 창의를 준비함
1906.	45세	종로 네거리에서 시국 강연 의정부에 '여섯 가지 방안' 건의, 내부대신 이지용의 실정 지적(〈통곡조한국민〉), 〈권세가〉 배포
1906.2.		산남의진 초대 대장에 추대, 중군장 이하 16개 부서로 산남의진 결성
1906.3.5. (1906.3.29.)		산남의진 '관동으로의 북상'을 목표로 출진 시작 〈위민안도〉 발표
1906.3.13. (1906.4.6.)		영덕 축산에서 신돌석이 영릉의진을 결성
1906.4.13. (1906.5.6.)		영릉의진 종사 신태종이 지원을 요청해 옴
1906.4.		정대하·이창송을 서울로 보내 의진 상황 보고 각 지역 진위대장들에게 〈기각진대장〉을 보냄 〈통유문〉, 〈격려문〉 등을 각지에 배포 초토관들에게 〈기각지초토관〉을 보냄
1906.4.28. (1906.5.21.)		경주군 우각에서 경주진위대장 참령 신석호에게 붙잡힘
1906.윤4.10. (1906.6.1.)		중군장 이한구 부대가 영덕군 강구 공격, 적 수 명 사살
1906.7. (1906.9.)		이한구의 본진이 산남의진 창의 5개월 만에 휴병
1906.8.3. (1906.9.20.)		약 4개월 만에 대구감옥에서 풀려남
1907.	46세	〈경고문〉·〈청조문〉 등을 배포 적과 내통하는 간신 비판·의병의 정당성 진언(〈상소〉) 영천군 국채보상단연회장에 추대, 〈국채보상단연회통문〉·〈국채보상단연회의연금권고가〉 발표

1907.4.	의진 재기 준비, 대장에 추대
	중군장 이하 19개 부서로 제2차 산남의진 결성
1907.6.16. (1907.7.26.)	일본군 제14연대가 부산으로 들어옴(연대장 기쿠치 대좌, 총병력 1,291명)
1907.7.	본대를 2대로 나누어 청하를 공격
1907.7.	이창송·정완성을 보내 강릉의병의 영남 지원 요청
1907.8.14. (1907.9.21.)	청송군 안덕면 신성에서 일본군과 접전, 도주하는 일 본군을 현동 추강까지 추격, 이치옥 전사
1907.8.18. (1907.9.25.)	이창송·정완성 등이 강릉부대를 이끌고 청하 죽장 면 상사리 개흥사 본진으로 합류
1907.8.19. (1907.9.26.)	운주산 안국사로 진을 옮김, 도총장 이종곤 치죄
1907.8.20. (1907.9.27.)	사남 태용 태어남
1907.8.24. (1907.10.1.)	일본군 영천수비대가 자양으로 들어오자 매복하였 다가 일본군 1명과 영천관포들을 사로잡음, 일본군 은 사살하고 관포는 훈방(자양전투)
1907.8.25. (1907.10.2.)	청하읍을 공격, 적 1명을 사살, 분파소와 관계 건물 등을 불태우고 샘재를 넘어 안국사로 회군 검단동 향재에서 부자 상봉
1907.8.26. (1907.10.3.)	일본군이 검단동 향재에 방화, 보현산에서 출격하 였다가 안국사로 회군 야간회의에서 북상 준비 기간으로 10일 휴식 결정
1907.8.27. (1907.10.4.)	일본군이 기계면 가천동 안국사를 불태움
1907.9.1. (1907.10.7.)	일본군의 입암 숙영을 예측, 우재룡·김일언·이세기 3대를 매복병으로 파견, 이세기가 일본군 선제 공격 본영 150여 명을 이끌고 입암리 골안마을로 출격

1907.9.2.	46세	일본군 청송수비대의 공격을 받고 항전. 정용기 대
(1907.10.8.)		장 등 19명이 전사(입암전투)
1907.9.		호소례로 장례, 욕학담 북쪽 인학산 기슭 혜좌원
		에 안장
1950.9.1.		부인 경주최씨 82세로 세상을 떠남
1962.3.1.		대한민국 정부에서 건국훈장 독립장 추서
1963.3.		대장정공양세순국기념 산남의진비 건립
1963.6.		자양면 충효리로 이장하여 부부합장묘를 이룸

농고 최세윤 의병장 연보

1867.11.10.	1세	흥해군 동부면 곡성리에서 최재순과 경주최씨 사
		이에서 태어남
1908.1.4.	42세	보현산 거동사에서 산남의진 제3대 대장으로 추대,
(1908.2.5.)		지대별 지구전 추진
1908.3.17.		흥해 기계면 덕동에서 의진 해산
(1908.4.17.)		
1908.7.		장기군 내남면 용동(경주시 양북면 용동)에서 잡힘
1911.10.20.	45세	대구지방재판소에서 징역 10년 선고, 상고 기각 투옥
(1911.11.15.)		
1916.7.7.	50세	서대문 감옥에서 단식투쟁으로 순국, 부인 윤씨도
(1916.8.9.)		곧 별세
1968.		대한민국 정부에서 긴국훈장 독립장 추서

참고문헌

자료

〈묘갈명〉, 〈판결문〉, 《각사등록(근대편)》, 《승정원일기》, 《황성신문》, 《영일정씨
　세보》(보전출판사, 1981)

경상북도경찰부, 《고등경찰요사》, 조선인쇄주식회사, 1934.
국사편찬위원회, 《한국독립운동사》 자료10 의병 Ⅲ, 정음문화사, 1983.
독립운동사편찬위원회 편, 《독립운동사자료집》 2·3·별집 1, 독립운동사편찬
　위원회, 1984~1985.
류시중 외, 《국역고등경찰요사》, 선인, 2009.
박일천, 《일월향지》, 1976.
보병 제14연대, 《진중일지》 Ⅰ·Ⅱ, 한국토지주택공사 토지주택박물관, 2010.
산남의진유사간행위원회, 《산남의진유사》, 문협출판사, 1970.
송상도, 《기려수필》, 국사편찬위원회, 1971.
정순기 편, 《산남창의지》 (상·하 권합), 1946.
정희영, 〈산남의진충효사적〉, 산남의진기념사업회, 1983.
정희영, 〈오천정씨하천문중내력급유물〉, 1991.
최덕은 편, 《농고실기》, 공화출판사, 1978.

저서

국가보훈처, 《독립유공자공훈록》 1, 독립유공자공훈록편찬위원회, 1986.
김희곤 외, 《청송독립운동사》, 청송군, 2004.
배용일 외, 《포항시사》 (상), 포항시사편찬위원회, 1999.
배용일·이상준, 《포항의 독립운동사》, 최세윤의병대장기념사업회, 2017.

안동대학교 안동문화연구소, 《경북독립운동사》 I(의병항쟁사), 경상북도, 2012.

윤보현, 《영남출신 독립운동약전》 1, 광복선열추모사, 1961.

윤보현 편, 《대한독립운동약사》, 대한독립운동약사간행위원회, 1980.

영남대학교 민족문화연구소, 《영남문집해제》(민족문화자료총서 제4집), 영남
대학교출판부, 1988.

조인호 외, 《영천의 독립운동사》, 영천항일독립운동선양사업회, 2013.

논문

권대웅, 〈동엄 정환직의 생애와 산남의진〉, 산남의진 창의100주년 학술강연회,
영천항일독립운동선양사업회, 2006.12.13.

권대웅, 〈농고 최세윤의 생애와 의병투쟁〉, 최세윤 의병대장 기념사업회 학술
자료집, 2016.12.7.

권영배, 〈산남의진(1906~1908)의 조직과 활동〉, 《역사교육논집》 16, 역사교육
학회, 1991.

권영배, 〈산남의진의 활동과 성격〉, 《포항문화》 12, 포항문화원, 2016.

권영배, 〈경상북도 시·군별 국채보상운동 단체와 주도층〉, 《경북의 국채보상
운동 조사 연구용역 최종보고서》, 경상북도독립운동기념관, 2018.

김여생, 〈산남의진(1906~1909)의 항일투쟁과 참가계층〉, 건국대학교 사학과
석사학위논문, 1998.

김상기, 〈'제14연대 진중일지'를 통해 본 일본군의 의병탄압〉, 《한국독립운동사
연구》 44, 한국독립운동사연구소, 2013.

배용일, 〈산남의진고-정환직·정용기 부자 의병장 활동을 중심으로-〉, 《포항
실업전문대학 논문집》 6, 포항실업전문대학, 1982.

배용일, 〈최세윤 의병장고〉, 《사총》 31, 고대사학회, 1987.

배용일, 〈산남의진과 제3대 최세윤 의병대장 연구〉, 《포항역사의 탐구》, 포항1
대학, 2006.

배용일·이상준, 〈최세윤 의병대장의 항일투쟁고〉, 《포항문화》 9, 포항문화원,
2013.

조인호, 〈산남의진의 조직과 대일항쟁〉, 《향토경북》 7, 경북향토사연구협의회,
2009.

최성원, 〈농고 최세윤의 생애와 의병활동〉, 동국대학교 사학과 석사학위논문, 2009.

찾아보기

231